EVA K



# Le stress de l'enfant

## Transformer le stress en énergie positive

Les solutions pour votre enfant
L'aider à se construire.

EDITIONS Alpen

Alpen Éditions
9, avenue Albert II
98000 Monaco

*Pour la présente Édition*

*9, avenue Albert II*
*MC - 98000 MONACO*
*Tél.:0037797776210*
*Fax:0037797776211*

***Direction :***
*Christophe Didierlaurent*
***Responsable éditoriale :***
*Fabienne Desmarets*
***Mise en page et infographie :***
*Stéphane Falaschi*

***Dépôt légal :** 2015*
*ISBN13 : 978-2-35934-358-8*

***Crédits photos :***
*Fancy, Fotolia, Banana Stock, Digital Vision, Itstock, Image source*

*Imprimé en Union Européenne*

EVA KLEIN

# Le stress de l'enfant

## Transformer le stress en énergie positive

Les solutions pour votre enfant
L'aider à se construire.

Alpen Éditions
9, avenue Albert II
98000 Monaco

Eva Klein est psycho-relaxologue certifiée. Consultante, formatrice aux métiers de l'enfance, elle a suivi un cursus universitaire en psychologie (Paris VIII). Auteure, conférencière, elle met sa connaissance et sa pratique au service des écoles, associations, services pédiatriques hospitaliers et cabinets thérapeutiques.

AVERTISSEMENT
Les informations contenues dans ce livre ne peuvent pas remplacer un avis autorisé. Avant toute automédication, consultez un médecin ou un pharmacien qualifié.

# Introduction

Votre enfant stressé ? Impossible, dira-t-on ! Vous faites tout pour le satisfaire, à la limite de la privation ou du sacrifice ! Que peut-on faire de plus ? L'enfant n'a pas de souci ! Bébé, il ne pense qu'à être dans vos bras, boire, manger, s'amuser. Puis il grandit, appelle maman « au secours », quand il s'égratigne le genou, en jouant ! Adolescent, il ne pense qu'à vous contredire, rejoindre ses copains, demander de l'argent de poche. Une vie presque idyllique !

Et pourtant ! L'enfant est vulnérable. Partagé entre son monde imaginaire, émotionnel, et celui des adultes, très différent, il a du mal à trouver sa place, ses repères. Il en a tellement besoin pour se construire, forger son identité. Il dépend de ses parents, de leur humeur, de leur attitude face à la vie, aux problèmes. Et s'ils lui communiquaient leur stress ?

Certes, leur vie est difficile. Ils sont soumis à des tensions multiples et quotidiennes. C'est la course à la montre, à la performance.

Mais l'enfant subit aussi beaucoup de pression, tout au long de sa journée. Il doit s'adapter au nouveau mode de garde, au milieu scolaire, parascolaire, aux changements familiaux. Son emploi du temps est surchargé. On exige de lui de très bons résultats scolaires, dus au culte de l'excellence !

Il est en état de stress ! L'enfant ne sait pas toujours le gérer, mettre à profit le bon stress, son allié. S'il perdure, il devient le mauvais stress. Il est destructeur et enclenche des perturbations physiologiques, psychologiques, comportementales.

Comment faire face au mauvais stress ?

Il n'existe pas une mais des solutions. Parfois de simples réponses comme rire, passer plus de du temps avec votre enfant. Parfois modifier votre écoute, accorder plus d'importance, à ce qui vous semble anodin. Repérer dans quelle situation, il a tendance à stresser !

Ce livre répond à vos questionnements, propose un plan d'action anti-stress, adapté à votre enfant : une vie plus équilibrée, de la détente, des méthodes ludiques de relaxation, du bien-vivre pour toute la famille. Etre des parents bienveillants, soucieux du bien-être de leur enfant, en danger, devient une priorité !

# TABLE DES MATIÈRES

Partie IV

PARTIE I

# MON ENFANT STRESSE : REPÉRER LES SIGNES

# Les maux remplacent les mots

Allo, maman bobo ! L'enfant ne sait pas exprimer ses affects, ses émotions. Son corps apporte une réponse aux « non-dits ». Il somatise de différentes façons.

## De la frustration… à l'anxiété

Le stress déclenche des émotions diverses. La contrariété et la frustration sont fréquentes. Elles génèrent de la peur, de la colère, de la douleur. Le jeune enfant vit le moment présent. Il ne supporte pas le délai, imposé par ses parents, dans la satisfaction de ses désirs.

Il manifeste son mécontentement. Stressé et énervé, il peut crier, hurler, se rouler par terre, et même se cogner…

Pleurs, larmes, cris sont déjà les manifestations de bébé qui stresse, qui veut se faire entendre et comprendre…

L'adolescent stressé déclenche une crise de nerfs. La spasmophilie est aussi une réponse à l'anxiété, au mal-être.

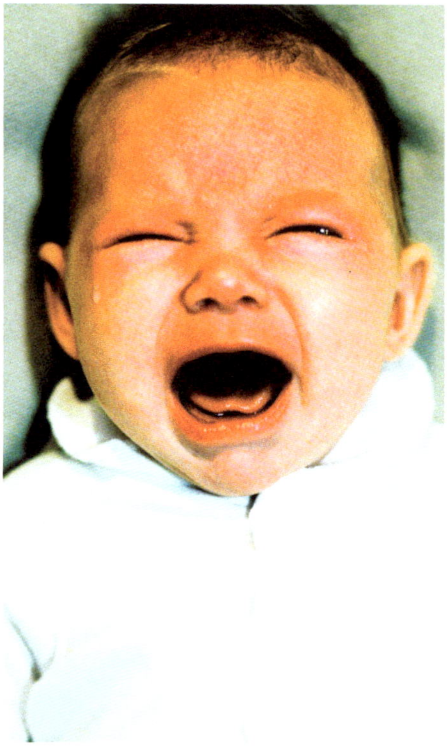

## Doudou et le mal de ventre…

Le ventre, relié au cerveau limbique, est le siège des émotions. Les recherches scientifiques actuelles, le démontrent. Fictif ou réel, le mal de ventre est le prétexte favori de l'enfant, pour échapper à l'école ! Il disparaît d'ailleurs miraculeusement, en période de vacances scolaires ! Sa peluche préférée souffre aussi du même mal. Il peut être un bon médecin pour elle, pas pour lui ! Diarrhée ou constipation avertissent alors, du mal-être de l'enfant. L'intestin lâche ou retient !

## Et aussi…

• Le vomissement. Il peut être un symptôme physiologique du rejet d'une situation dérangeante.

• Le mal de tête. Il reflète les tensions psychologiques de l'enfant contrarié.

• Le mal de dents ou de dos. Il entre fréquemment dans la cartographie de la somatisation, de l'enfant stressé.

## Ça me gratouille…

La peau, première communication avec l'extérieur, réagit rapidement aux contrariétés. Le « Moi-Peau », décrit par Didier Anzieu, psychologue, le décrypte très bien ! Les problèmes dermiques peuvent exprimer l'anxiété, le stress de l'enfant.

Démangeaisons, rougeurs, eczéma, psoriasis, en sont les manifestations. Ces maux sont accentués chez les enfants asthmatiques.

## Les troubles du sommeil

L'enfant stressé est angoissé. Il se réveille, la nuit, en pleurant. Il fait des cauchemars. Il a des terreurs nocturnes. Ces dernières, éveils confusionnels, touchent entre 5 et 15% des enfants, entre 4 et 6 ans. «… Dès neuf mois, un tout petit peut crier, sangloter, se débattre… », affirme Richard Ferber, médecin et spécialiste des troubles du sommeil, chez l'enfant. A la différence des cauchemars, il a les yeux ouverts, s'agite, semble terrifié pendant la terreur nocturne. Le lendemain, Il ne se souvient pas, de ce qui l'a effrayé…

Ils réagissent fortement au stress, soit par une fréquence accrue de crises d'asthme, soit par des problèmes cutanés.

## La fatigue dès le matin

Les parents savent bien, que leur enfant est très fatigué, en fin de trimestre scolaire. C'est une fatigue nerveuse.

Elle crée un épuisement inhabituel. L'enfant a du mal à se lever. Il manque d'enthousiasme. Son système immunitaire s'affaiblit .Il est sensible aux virus, aux bactéries. Il s'enrhume, tousse…

Tous ces maux reflètent le mal-être, créé par le stress quotidien, répétitif. Ils sont souvent passagers et de courte durée .Ils disparaissent rapidement, si les dysfonctionnements ne sont pas liés, à une pathologie avérée.

### Le langage du corps

Emma, 7 ans, vit en garde alternée. Elle est particulièrement stressée et anxieuse, lors des séjours chez son père. La nouvelle compagne de celui-ci, la harcèle de questions et critique sa mère. Elle reste silencieuse et ne réplique pas. Emma souffre régulièrement de maux de gorge inexplicables. Les maux ont remplacé les mots…

# Bon stress, mauvais stress

Repérer et identifier le stress, afin d'épargner le mal- être de l'enfant. Différencier le stress d'adaptation, bénéfique, du stress d'épuisement, destructeur.

Le stress de l'enfant passe souvent inaperçu. Non identifié et souvent considéré comme tabou, il le rend vulnérable. Il ne sait pas l'évaluer, y mettre des limites. Au départ, le stress est là pour protéger, stimuler, dans une situation bien précise. S'il est de courte durée et bien géré, il est positif. C'est le bon stress ou « eustress ». Il est bénéfique. S'il perdure, il devient négatif. C'est le mauvais stress ou « distress » Il est nuisible. Il perturbe le quotidien de l'enfant.

L'enfant réagit souvent émotionnellement, au stress. Il ne sait pas gérer la pression d'une situation désagréable, réelle, ou imaginaire. Ces tensions peuvent générer de l'anxiété, par exemple, lors d'un contrôle scolaire. Elles peuvent aussi générer de la joie, lors de la préparation d'une fête ou de la tristesse, lors d'une séparation.

## Le bon stress, ami de l'effort

L' « eustress » rend l'adulte, l'adolescent ou l'enfant plus performant physiquement, psychiquement, émotionnellement. Il est stimulant. Le stress est bien géré et maîtrisé. L'équilibre est établi, entre la pression exercée et les ressources physiologiques, proposées par l'organisme.

L'enfant a souvent la peur d'échouer, lors d'un contrôle scolaire. Il stresse (boule à la gorge, à l'estomac, palpitations, etc…), mais il s'applique, se concentre. Il a plus de chances de réussir. Cette tension mobilise ses capacités intellectuelles.

En période d'examen, l'étudiant est « sous pression ». Le stress est utile car il lui donne de l'énergie. Il peut donc se lever plus tôt le matin, afin de réviser. Il stimule ses capacités physiques, en cas de fatigue.

Le trac ou l'appréhension irraisonnée, avant la prise de connaissance du sujet, c'est aussi le stress ! Mais c'est une aide pour faire face, à l'anxiété. Elle apporte une solution, en réponse à une préoccupation, à un moment précis et déterminé. Quand tout est fini, l'élève est soulagé. Le stress a disparu.

## De quel stress, parle-t-on ?

**Le stress aigu.**
Il est de courte durée. Il répond rapidement, à un événement précis. Il permet de maîtriser une situation inconfortable. Toutes les ressources sont utilisées positivement. C'est le bon stress protecteur et d'adaptation.

**Le stress aigu majeur ou état de stress post traumatique (ESPT)** se manifeste suite à une peur intense, à un évènement traumatisant. C'est un stress particulier. Il traduit un déficit d'adaptation.

**Le stress chronique** est le stress de la vie de tous les jours. S'il perdure, il est usant pour l'organisme, le moral. Les ressources ne sont plus suffisantes. C'est le mauvais stress, destructeur pour la santé.

## Pas toujours facile !

Le bon stress s'arrête, quand il n'est plus nécessaire. Le mauvais stress perdure. Mais l'enfant a des difficultés, à avoir une bonne gestion du stress. Il ne sait pas « dire », évaluer. La fonction adaptative et positive du stress peut rapidement se transformer en un mécanisme psychologique destructeur. Il est d'autant plus accentué, si l'enfant est très fragilisé, physiquement ou psychologiquement.

## Le mauvais stress, ennemi de la reussite

Le « distress » est la mise sous tension de l'organisme, sollicitée pendant trop longtemps. Elle persiste quand elle n'a plus lieu d'être. L'endurance faiblit. La résistance physique, psychique s'émousse. L'utilisation de l'énergie n'est plus mise à profit. C'est une mauvaise gestion du stress, notamment quand la réponse émotionnelle est trop intense.

L'enfant ne sait pas faire face à une situation stressante, répétitive. Il n'a pas de réponse, de solution appropriée. Il a un fort sentiment d'échec, d'image négative de lui-même. La culpabilité prend alors le relai. C'est souvent le cas, lors de fréquentes disputes parentales, en sa présence. Il pense en être la cause. Le sentiment d'impuissance s'installe.

Le stress devient l'agent perturbateur. Il produit de mauvaises émotions. L'enfant devient irritable, anxieux, coléreux. Il refuse toute consigne. A l'inverse, Il peut être inhibé, passif, triste, difficile à stimuler. Il est indifférent, à ce qui se passe autour de lui. Il perd l'appétit, le sommeil, ne joue plus. Il déprime. Parfois le stress de l'étudiant persiste .Il demeure anxieux, malgré la fin des examens. Le maintien d'un degré élevé de stress a des effets néfastes, sur son bien-être physique, mental, émotionnel. L'usure d'une situation stressante, que ce soit dans le système scolaire, familial, social, peut mener l'enfant ou l'adolescent à la dépression.

# Le stress, qu'est-ce que c'est ?

Le stress n'est pas une maladie. On parle de l'état de stress. C'est une réponse, une mise sous tension de l'organisme, pour faire face à différentes agressions, physiologiques ou psychologiques.

Le stress est un mécanisme de défense. Il peut être utilisé positivement ou négativement. Bien dosé, il stimule, mais trop prolongé, il affaiblit l'organisme. Il peut déclencher des maladies. La réponse au stress n'est donc pas normative.

L'adulte, comme l'enfant, réagit différemment, en fonction de sa personnalité, de son hérédité, de son environnement (familial, social) et de ses interactions physico-psycho-émotionnelles.

## Le stress, un phénomène récent ?

C'est un phénomène ancestral. L'étymologie nous parle du verbe « stringere », qui signifie « serrer », en latin. Autrefois, les hommes préhistoriques vivaient dans la nature, dans un monde insécurisant. Ils étaient programmés pour faire face aux dangers. Pour défendre leur intégrité physique, leur premier réflexe était le combat ou la fuite- comme l'a rappelé, Henri Laborit, médecin chirurgien, neurobiologiste.

Le stress stimule et active les ressources qui sont en chacun de nous, afin de nous aider à faire face, à une situation anxiogène.

## Les hormones à notre secours !

La réponse physiologique de l'organisme, face à un état de stress, est une réponse d'origine hormonale. Elle est toujours la même, dans toute situation- Que l'enfant soit confronté à une évaluation scolaire ou à un plus grand danger. Le système nerveux et les glandes surrénales secrètent des hormones. L'adrénaline, hormone de la peur, est libérée en premier.

L'endorphine aux vertus apaisantes, la dopamine, la sérotonine, le cortisol sont ensuite libérés, pour renforcer les défenses.

## Réaction du corps face au stress (phase d'alarme)

- Accélération du rythme cardiaque, de la pression artérielle, palpitations.
- Augmentation de la tension musculaire
- Augmentation de la sudation
- Difficultés respiratoires, oppression.
- Rougeur ou pâleur inhabituelle du visage
- Sensation de bouche sèche.
- Tremblement imperceptible
- Sensation de malaise.

## Une orchestration parfaite

**Les surrénales :**

- *La médullo-surrénale.*

Elle produit l'adrénaline, via un message envoyé par le système nerveux à l'hypothalamus, .Elle active les fonctions adaptives de l'organisme, la noradrénaline qui a une fonction vasoconstrictrice.

.

- *La corticosurrénale*

Elle libère des hormones dont les glucocorticoïdes, (le cortisol), produisant de l'énergie, pour mieux résister au stress.

## Quelles étapes ?

En 1936, Hans William Selye, médecin, physiologiste canadien, définit le stress comme un syndrome général d'adaptation (SGA). Il le décompose en trois phases :

**Phase d'alarme :** déclenchement du processus physiologique du stress.

**Phase de résistance :** renforcement de mobilisation des défenses, pour mieux lutter contre l'agent « stresseur ».

**Phase d'épuisement :** ralentissement du mécanisme de défense. Incapacité de l'organisme, de faire face aux dépenses énergétiques et à la fatigue trop importante.

# Des troubles comportementaux

Si les troubles anxieux deviennent chroniques, l'enfant développe des troubles de la personnalité. Des régressions, des perturbations comportementales, faibles ou prononcées, sont observées dans la conduite, en milieu familial, scolaire et social.

## Des troubles émotivo-affectifs

**• Le changement d'humeur**

C'est l'un des premiers signes que l'on peut remarquer. A la maison, l'enfant stressé devient capricieux et grincheux. Il n'est plus sage et docile. Il est irritable, s'énerve puis boude et s'isole dans sa chambre.

Bébé devient grognon, nerveux, ne termine plus ses biberons. Il pleure continuellement, s'il n'est pas dans les bras de sa mère. Il ne supporte pas de rester seul dans sa chambre, n'arrive plus à s'endormir. Si le stress perdure, son développement psychomoteur s'arrête. Il ne progresse plus dans l'apprentissage de la marche, de la motricité ou du langage.

**• La déscolarisation et la désocialisation**

L'enfant se désintéresse de l'école, de ses activités. Il n'apprend plus ses leçons, car il manque d'attention et de concentration. Ses résultats scolaires chutent. Il ne participe plus aux entraînements sportifs.

L'étudiant se démotive, n'assiste plus aux cours. Il n'a plus de centre d'intérêt. Il passe des journées entières dans sa chambre, sans en sortir, au désespoir de ses parents.

**• La conduite d'évitement**

C'est le refus d'obéir, le « non » catégorique. L'enfant ne veut plus manger, s'habiller, dormir, aller à l'école. Il refuse même les câlins, les bisous, les marques d'affection. Il se bouche les oreilles, détourne le regard. Il reste dans son coin. Il peut même adopter une attitude prostrée, en faisant le mort !

## De l'agressivité !

A la crèche, comme à l'école, l'enfant stressé tire les cheveux, griffe, mord les autres enfants, surtout avant l'âge de 2 ans. Il n'a pas l'intention de faire du mal, mais ne sait pas gérer et dire ses émotions. Il n'a pas encore connaissance du vocabulaire approprié. Cette période est toujours très difficile pour les parents, désespérés par l'attitude de leur enfant. Celui-ci adopte souvent ce comportement, en réaction à un événement qui l'a affecté. A la maison il agit de même, provoque ses frères et sœurs, voulant attirer l'attention sur lui.

## Des comportements régressifs

L'enfant adopte un comportement de bébé. Son langage acquis depuis longtemps devient incompréhensible. Le bégaiement peut s'accentuer, s'il était présent.

Il réclame son biberon, oublié depuis longtemps. Il est « collé » à sa mère. Il retombe dans l'énurésie, voir même l'encoprésie. Il se réfugie continuellement dans son monde imaginaire.

Bénéfique quand il est vécu périodiquement, celui-ci devient alors une fuite à la réalité.

### Les tics nerveux

12 à 14% des enfants d'âge scolaire présentent des tics transitoires. Ils apparaissent très souvent chez les enfants hypersensibles, impulsifs, lors d'un stress de séparation. Ce sont :

- Des clignements des yeux, contraction des joues, mordillement des lèvres.
- Des haussements d'épaule.
- Le balancement du corps.
- Le craquement des doigts.
- L'onychophagie (acte de se ronger les ongles).

Ces tics nerveux durent de quelques semaines à moins d'un an. Tout rentre dans l'ordre, si le stress ne perdure pas. Les adolescents peuvent pratiquer la scarification, manifestation d'auto-agressivité.

# Le stress des enfants hyperactifs, surdoués

Ces enfants hypersensibles sont souvent dans des situations anxiogènes. En décalage scolaire et familial, ils se sentent exclus d'un système, donc mal-aimés.

Le trouble du déficit de l'attention, avec hyperactivité (TDAH) est une maladie- 5% des enfants de 6 à 10 ans sont hyperactifs (trois fois plus de garçons que de filles)- Leur parcours est semé d'embûches.

Les enfants précoces ont la particularité d'avoir un QI supérieur à la moyenne (130). Même s'ils sont enviés, assurant la fierté des parents, leur différence est synonyme de difficultés. L'association Coridys (accompagnement des troubles cognitifs), évalue leur nombre à 450 000 enfants scolarisés, en France.

## En décalage à l'école…

**• L' enfant hyperactif**

Les troubles de l'attention sont associés à cette maladie. L'enfant a des difficultés à se concentrer, en classe, et à s'organiser dans son travail. Agité, il remue constamment les mains et les pieds. Il est donc impatient et impulsif, toujours prêt à répondre le premier, aux questions posées par l'enseignant. Il n'écoute

pas vraiment quand on lui parle et n'entend pas les consignes. De ce fait, Il a beaucoup de lacunes, par manque d'attention, au moment des devoirs, des interrogations. Il stresse.

- **L' enfant surdoué**

Il a une intelligence plus intuitive que raisonnée. Celle-ci est qualitative et non quantitative Mais Il ne décode pas les implicites de l'enseignement scolaire, répond à coté de ce qui est demandé. Apprenant très vite, il s'ennuie en classe, s'agite ou se replie sur lui-même. Il angoisse et stresse.

## Le sentiment de rejet permanent

L'enfant hyperactif et l'enfant surdoué dérangent. S'ils exaspèrent les enseignants par leur insolence, leur indiscipline due à leur différence, eux-mêmes en souffrent énormément.

Punitions, remontrances, mauvais résultats scolaires font partie de leur quotidien. Ils se sentent mis à l' écart. Cette situation d'échec crée des sentiments de frustration, des troubles de l'humeur, engendrant de l'anxiété.

Les enfants hyperactifs sont aussi exclus de la fratrie. Considérés comme insupportables par leur comportement, notamment leur agitation, ils sont boudés et mis à l'écart. Ils perdent confiance en eux. Ils sont les « vilains petits canards », de la famille.

## De gentils « zèbres », incompris ?

Jeanne Siaud- Facchin, psychologue et spécialiste des enfants surdoués, les qualifie gentiment de « zèbres ».

Bébé, l'enfant précoce est très tonique, éveillé et curieux. Petit, il questionne beaucoup et s'interroge déjà sur les questions existentielles (la vie, la mort). Intuitif, il a une certaine clairvoyance. Jeanne Siaud-Facchin parle : « … d'une perception sensorielle extrêmement performante (vue plus large, odorat ultrasensible, ouïe permettant d'écouter plusieurs conversations en même temps. … »

Adolescent, il lui est très difficile de faire un choix d'orientation scolaire. Renoncer aux possibles est l'une de ses difficultés. C'est encore une épreuve engendrant stress et anxiété.

### La pensée différente des enfants surdoués, c'est quoi ?

Un système et une organisation de la pensée, qui ne répondent pas aux règles et au fonctionnement habituel. Une pensée, qui active simultanément plusieurs canaux de réflexion, d'association d'idées. Une pensée créative qui s'éloigne des sentiers classiques. Une pensée globale qui a des difficultés à découper, développer, justifier, argumenter.

### Attention à l'adolescence !

En grandissant, les troubles de la conduite s'amplifient  si la maladie n'a pas été détectée à temps, comme le souligne Céline Causse, médecin spécialisée en psychiatrie :

- 30% consomment régulièrement de l'alcool
- .50% fument des cigarettes quotidiennement contre 24% chez les non hyperactifs

Tous ces facteurs génèrent du stress et des troubles anxieux dans 10 à 40% des cas, selon les études.

# Le stress jusqu'à la phobie, la dépression ?

Identifier les idées obsessionnelles et les idées noires, à tout âge de l'enfant, pour mieux les combattre.

## La phobie, une maladie ?

Les phobies sont des peurs maladives souvent irraisonnées. Elles sont déclenchées par des obsessions .Ces pensées, idées ou images, font irruption dans la tête. Elles sont récurrentes et persistantes.

Elles déclenchent des actes ritualisés, les TOC (troubles obsessionnels compulsifs). Ils sont parfois assimilés à des tares, ce qui est une erreur.

La personne, enfant comme adulte, met en place des rituels, pour se rassurer et diminuer l'anxiété.

## La phobie scolaire

Le petit enfant s'accroche souvent « aux jupons de sa mère », pour ne pas aller à la crèche, ou à l'école maternelle. Il pleure, hurle. C'est l'angoisse de séparation, totalement différente de la phobie scolaire.

L'enfant qui subit de la maltraitance à l'école (moqueries de la part de ses camarades, etc…) peut déclencher un refus de scolarisation. C'est une phobie… Il est obsédé par cette idée envahissante. Il est inquiet, tendu en permanence. Il ne veut plus se lever le matin. Il stresse en permanence.

### Qui et quand?

La phobie scolaire concerne 1 à 5% des enfants scolarisés dans les pays occidentaux-les garçons comme les filles, les bons comme les mauvais élèves- Elle est plus fréquente au moment de l'entrée au cycle élémentaire ou de l'entrée au collège.

## Et la dépression ?

Elle concerne les enfants entre 6 et 12 ans. Elle prend des formes diverses, parfois insoupçonnées. Gabriela Guzman, pédopsychiatre à la maison de Solenn, à Paris, affirme que : «… la dépression de l'enfant est une dépression à éclipses, par à-coups, plus difficile à cerner que la dépression de l'adulte… »

La phobie épuise l'enfant, le détruit. Elle peut aboutir à la dépression. L'enfant surdoué lutte, se surpassant, ou renonce en s'isolant. Il doute de lui. Il se sent diffèrent de ses camarades, frères et sœurs. Il a le sentiment

## Un quotidien compliqué !

L'enfant peut déclencher une phobie suite à un deuil, survenu dans son entourage. Julien, 8ans, refuse de sortir du domicile familial, après la mort de sa petite sœur. Il est obsédé par l'idée qu'étant à l'extérieur, ses parents et lui-même risquent de mourir.

L'adolescent met en place des idées ou craintes obsessionnelles. Elles portent souvent sur le corps (dysmorphophobie : crainte d'être laid ou malformé)), un lieu (transport en commun, etc…), un insecte (guêpe, etc…). Les TOC sont souvent liés à l'hygiène (lavage excessif des mains).

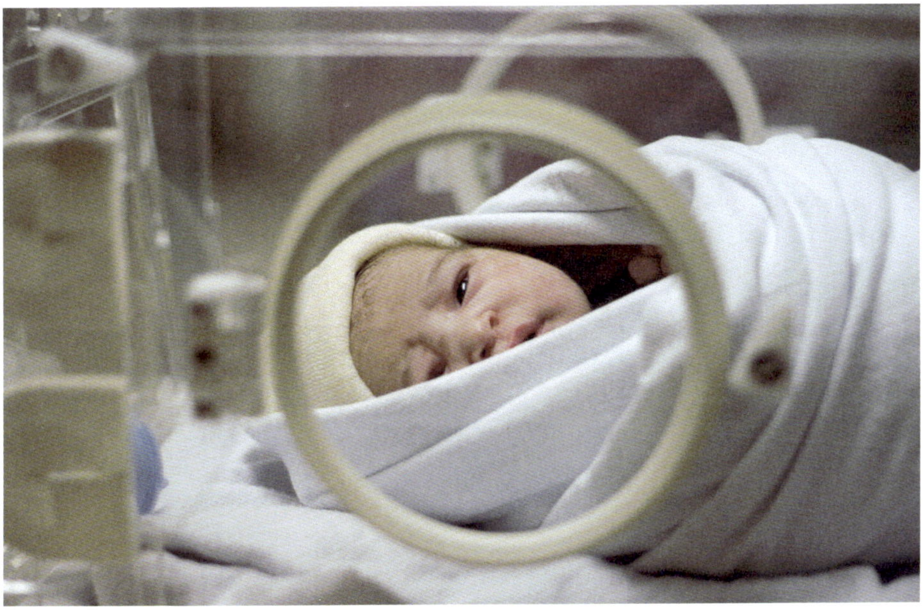

d'être moins aimé. « ... Les autres sont à l'aise », dit Romain, 8 ans. «...Personne veut jouer avec moi... ». Il s'auto dévalorise et le stress pathologique peut évoluer en dépression. Souvent après un choc-post-traumatique, l'adolescent en souffrance, s'isole et peut déprimer (5à 7% des adolescents). La tentative de suicide, trois fois plus importante chez les filles, est à prendre au sérieux.

## Bébé à l'hôpital

René Spitz, psychiatre américain, d'origine hongroise, décrit le syndrome de l'hospitalisme, qu'il a observé dans les pouponnières, vers les années 1950, de la façon suivante : «...Ce sont l'ensemble des troubles physiques, dus à une carence affective par privation de la mère, survenant chez les jeunes enfants placés en institution, dans les dix-huit premiers mois de la vie... ».

Après l'âge de six mois, on parle de dépression anaclitique, qui était souvent visible, après une séparation de trois mois. Cette observation de René Spitz a permis de mettre en place une réforme établissant la mise en place de l'hospitalisation mère-enfant. L'enfant a pu ainsi, recevoir l'attachement, dont il a besoin.

De plus, la formation du personnel hospitalier des services pédiatriques a permis une communication très attentionnée, qui était auparavant minimisée.

# Les symptomes du stress post-traumatique

## Un enfant peut-il subir un « trauma »? Comment vit-il l'« après » ? Quelle thérapie utiliser pour y faire face ?

De l'inceste au racket, les psychotraumatismes de l'enfant existent… Parfois minimisés, insuffisamment reconnus, ils font l'objet de nombreux tabous. Certains adultes pensent encore que les enfants sont incapables de comprendre l'importance de l'événement. On peut parler de « blessure géante », aux conséquences dramatiques.

### Le choc traumatique

Dans certains pays, les enfants sont plus enclins à faire face à des traumatismes, dus à des catastrophes naturelles, des massacres faits et vécus sous leurs yeux (guerres avec génocide ou actes de terrorisme). Dans d'autres pays, ils sont plus souvent confrontés à des catastrophes industrielles, des accidents liés au mode de transport, ou de la violence sociétale (prise d'otage en école maternelle).

Partout dans le monde, les enfants subissent des viols, de l'inceste, de la maltraitance, de la violence et la disparition de proches.

### Le trouble du stress post-traumatique (TSPT)

Deux réactions après le « trauma » :

- **La réaction immédiate**
Face au trama, la peur déclenche des signes neuro-végétatifs (pâleur, sueur, tremblements, perte d'urines ou de selles), puis des changements comportementaux avec des signes d'inhibition (mutisme, isolement, prostration) ou d'agitation motrice ou verbale (cris). Puis apparaissent rapidement des troubles dans la vie quotidienne.

- **La réaction secondaire**
C'est l'état de stress post-traumatique. Quatre types de symptôme apparaissent chez l'enfant.

- **Le « syndrome de répétition »**
L'enfant joue passivement, dessine, fait toujours les mêmes cauchemars. La scène vécue ou les éléments du traumatisme sont récurrents. Il semble préoccupé et ailleurs.

- **Le « flash-back »**
Il est une reviviscence de l'horreur vécue. L'élément traumatisant

### Quelles conséquences ?

Une étude sémiologique du « syndrome psycho traumatique » conclut que :

- 41% des enfants ayant eu un choc post-traumatique ont des difficultés de concentration.
- 39% ont le sentiment permanent de revivre cet événement.
- 36% ont des pertes d'intérêt pour des activités importantes.

revient sous forme de film, d'images à certains moments. Il génère du stress, de l'anxiété et parfois de l'hyperactivité.

• **Les peurs**, notamment celle de quitter les parents ou la maison, pour les plus petits. La conduite d'évitement de tout lieu, objet ou idée pouvant évoquer le traumatisme. L'enfant est en état d'alerte, sursautant aux moindres bruits, ou refusant le moindre contact physique.

• **La perte de confiance en soi**, et aux adultes, suivant la nature du traumatisme. A l'inverse, un état régressif, avec une grande dépendance aux adultes, peut être observée.

Les adolescents, outre ces symptômes récurrents, peuvent avoir d'autres troubles comportementaux tels que la fugue, le vol, ou des idées et actes d'autodestruction ou de violence.

## Des thérapies efficaces

75% des enfants présentant un TSPT ont un trouble anxieux ou phobique associé. Des thérapies comportementales et cognitives sont alors utilisées pour la guérison. L'EMDR (Eye movement Desensitization and Reprocessing), approche psychothérapeutique neuro-émotionnelle, d'origine américaine, est utilisée plus particulièrement pour les adultes et les adolescents. Elle utilise le mouvement oculaire pour désactiver l'émotion et reprogrammer la personne.

### Le « trauma », qu'est-ce que c'est ?

C'est un choc émotionnel très fort, engendrant, au-delà des blessures physiques, des blessures psychiques avec de nombreuses répercussions. Celles-ci se manifestent plusieurs mois, voire même plusieurs années après le choc, entrainant un stress post-traumatique. Il n'a rien à voir avec un état de stress passager. La prise en charge thérapeutique doit se faire rapidement.

### Quelle violence ? Où ?

La violence peut se manifester en tout lieu, tout milieu (familial, scolaire, relationnel, environnemental), créant d'importants traumatismes. Qu'elle soit physique, psychologique, verbale, sexuelle, elle affecte l'enfant comme l'adolescent.

Partie II

# LE STRESS À TOUT ÂGE

# L'angoisse de séparation dès la naissance

La naissance est un passage. Elle est un stress pour le nouveau-né. Il doit subitement affronter des changements d'ordre physiologiques et psychologiques.

Françoise Dolto, pionnière en psychanalyse infantile, nous parle de l'importance de « l'accueil » de l'enfant, à la naissance. « ...C'est une épreuve pour le « tout juste né... », dit-elle. Elle invite d' ailleurs les soignants à être attentifs aux paroles, prononcées pendant l'accouchement. Elles s'inscrivent en mémoire, dans l'inconscient de l'enfant.

## Un bain de sensorialité !

Depuis les années 1970, les chercheurs se sont penchés sur la question de la vie psychique du fœtus. Ils ont constaté qu'il avait des émotions durant sa vie intra-utérine. Il distingue les changements sensoriels, liés notamment au goût, au son. Fabien Maman, musicothérapeute, affirme que : « ... dès sa naissance, le nouveau-né réagit à la fréquence de la musique, que sa mère a écoutée fréquemment, pendant sa grossesse... ».

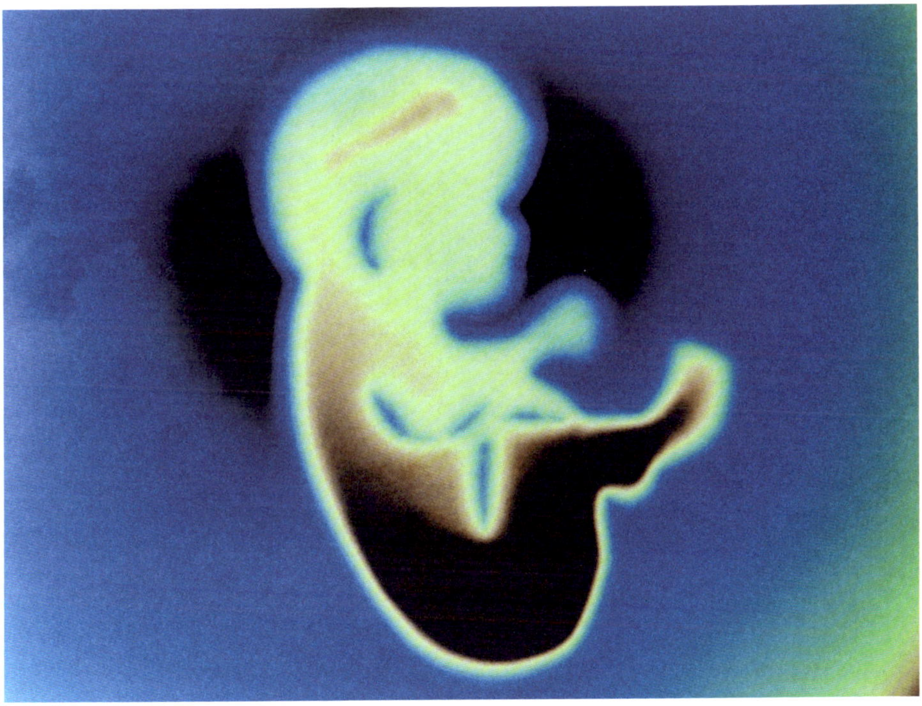

## La naissance biologique : un « bing bang » pour bébé

Théo Gimbels, chercheur et fondateur de l'institut Hygeia, à Londres, affirme que : « …le nouveau-né est obligé d'inverser ses sens, en venant au monde ».En effet les formes qu'il voyait la tête en bas, se redressent brutalement. Les couleurs et les sons chutent d'un seul coup dans des niveaux vibratoires « lourds … ».

Flottant dans le liquide amniotique, cocon protecteur, douillet et chaud, il doit affronter en quelques secondes, la pesanteur terrestre. Propulsé dans un monde aérien, il doit respirer seul. C'est une épreuve, un stress supplémentaire, à affronter.

L'éclairage violent des salles d'accouchement, les manipulations de pesée et de toilette, malgré leur nécessité, sont source de tension, pour le nouveau-né. Il a perdu ses repères intra-utérins. Il ne peut être que déboussolé et stressé ! L'enfant mis en couveuse, accueilli dans un monde de technologie, n'est pas du tout préparé à un tel environnement. Il est en situation anxiogène. Il est en manque affectif, malgré le dévouement du personnel soignant hospitalier.

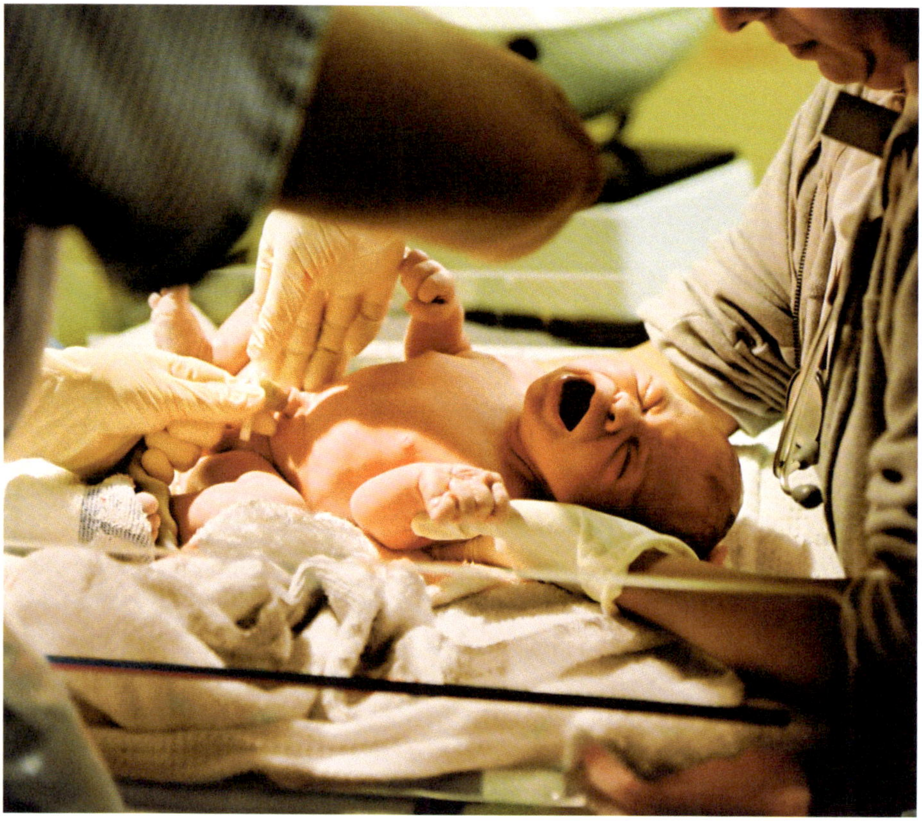

## La naissance psychologique : allo, maman bobo !

La coupure du cordon ombilical, lien sacré avec la mère, plonge de suite le nouveau-né, dans l'insécurité. Lié organiquement à celle-ci, il connaît la première grande séparation de sa vie. En 1959, John Bowlby, psychiatre anglais, présente sa théorie de l'attachement et le lien particulier unissant l'enfant à sa mère. Loin de celle-ci, le nouveau -né pleure, refuse de s'alimenter. Ce sont les signes d'anxiété de la séparation !

## Une histoire de caneton !

L'éthologue K. Lorenz nous fait part de son observation sur des canetons : dès leur naissance, les canetons suivent le premier objet mobile qu'ils rencontrent. Ils adoptent cette « gestalt » en mouvement, comme objet d'amour, et comme représentant de leur espèce. Le lien qui s'établit entre l'objet et les canetons est un lien stable et irréversible. Cette première « fixation » du caneton à l'objet privilégié est appelée en éthologie : l'empreinte.

Le contact dermique et affectif, lors du positionnement sur le ventre de sa mère, à la naissance, réconforte le nourrisson. La reconnaissance de son odeur, dès l'accouchement, le rassure. Mais il est déjà à la recherche d'un paradis perdu !

La succion du sein ou du biberon, nourriture affective, est le premier relai mère-enfant. Cependant, la phase symbiotique des cinq premiers mois, caractérisée par une très grande fusion entre la mère et le nourrisson, ne suffit pas à stopper le stress du bébé.

Margaret Mahler, psychiatre, l'affirme : «… Le processus de séparation-individuation se fera pendant les trois premières années de la vie… .», L'échec de celui-ci entraine de nombreux troubles, chez l'adulte.

## Comment en guérir ?

Lise Bartoli, psychologue clinicienne s'intéresse aux adultes qui souffrent du syndrome d'abandon, vécu dès la naissance.

Elle conseille l'hypnose à ses patients, afin de pouvoir se libérer de situations « installées », lors de l'accouchement, et génératrices de stress qui perdure.

# Les apprentissages : une rude épreuve pour bébé

Pas vraiment facile de tout apprendre ! Comment s'y retrouver ? Bébé doit toujours faire des efforts, pour découvrir, s'adapter à toutes les étapes, les difficultés de son développement. Il se fatigue. Que de stress !

La découverte du monde environnemental ravit sa curiosité .Les divers apprentissages de sa future vie d'adulte, lui apprennent l'autonomie. Mais contrariétés et bobos sont à l'ordre du jour ! L'acquisition des stades successifs demandent des efforts. Ils sont sources de frustration et de tension pour lui.

## Des étapes et des soucis

Le développement psychomoteur, avec l'acquisition de la préhension, de la marche, du langage et de la propreté, sont des passages difficiles pour l'enfant. Une attention soutenue des parents l'aide à franchir tous ces caps !

## Le sevrage, déjà de l'affectif !

La succion, permettant l'absorption d'un élément liquide, comme le lait est source de plaisir, pour le nourrisson. Qu'il tête le sein ou le biberon, il est proche de sa mère, dans la chaleur de ses bras accueillants.

Il fait très vite le lien, entre nourriture et affection. Mais après quelques mois, le mode d'alimentation est modifié. Le passage à une texture plus solide, puis l'utilisation progressive de la petite cuillère change ses habitudes. Il n'apprécie pas, s'énerve, stresse.

### Bébé n'apprécie pas la nouveauté !

Aujourd'hui, il teste la saveur épinard. C'est la grimace! Maman insiste. Tout chavire en quelques secondes ! Bébé pleure, crie, renverse l'assiette. Maman s'énerve, angoisse, culpabilise. Quel stress familial !

## Attirer l'attention sur soi : comment faire ?

Bébé essaye de se faire comprendre . Que d'efforts, pour signaler à l'adulte ses besoins, et obtenir satisfaction.

Vagissements, vocalises, babillages, mobilisent beaucoup d'énergie et d'énervement Souvent, il n'est pas entendu ou compris. Dur, dur d'être bébé !

## Tomber, se relever, quelle épreuve !

Redresser la tête, le tronc, s'assoir, sont de véritables défis pour bébé. Il doit faire preuve de persévérance pour progresser. La maîtrise de la marche demande des efforts constants. Il est à l'école de la patience et doit en apprendre les codes !

Il se cogne, repart à quatre pattes, recommence, échoue, perd patience... Ses signaux d'appel, cris et pleurs avertissent de son stress et de sa déception.

## La douleur, ça stresse !

Elle est encore une épreuve pour bébé. Que ce soit les maux de ventre récurrents du nouveau-né, les poussées de fièvre dues à l'évolution de la dentition, l'après des vaccinations, et les maladies infantiles.

La fragilité de son système immunitaire le rend aussi vulnérable aux infections. Il a souvent le nez et les bronches encombrées. Il est mal à l'aise, souffre. Il s'énerve, stresse !

## Bonjour la société !

Se tenir droit, ne pas parler la bouche pleine, manger correctement, être poli, contrôler ses pulsions.

Bébé a encore du chemin à faire. Que de difficultés et de stress !

# Les changements, la difficulté d'adaptation des petits

Tout changement modifie les repères de l'enfant. Il est déstabilisé. L'adaptation à une nouvelle situation, une nouvelle personne demande du temps. Elle est dérangeante et stressante !

## Attention, au changement de routine !

Plus que l'adulte, la journée des plus petits est rythmée par des habitudes. A heure régulière, avec des gestes ou des événements qui reviennent ponctuellement, dans le même ordre- toilette, repas, promenade, bain, coucher etc…

Ces rituels le sécurisent. Cette cadence répétitive lui permet de grandir, en toute tranquillité et sécurité. Tout changement le fragilise et l'angoisse.

Le passage à l'heure d'été et le décalage horaire le prouvent bien. Cette perturbation temporaire de l'horloge biologique modifie son comportement. D'humeur grognon, il peut devenir anxieux.

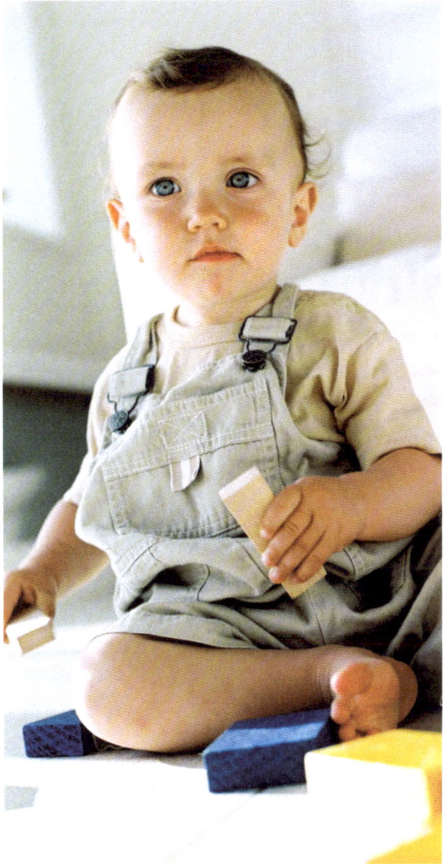

## Un grand pas : de la halte-garderie, à la maternelle !

La première angoisse infantile est l'entrée à l'école maternelle. Passer d'un rythme de loisirs à des horaires moins souples n'est pas évident ! Les prémices de la discipline incluent certaines règles sociales, à respecter et un nouveau contexte : «… l'enfant qui entre en maternelle, se plaint du bruit et c'est souvent cet environnement bruyant qui le fatigue le plus… » , fait remarquer Christine Brunet, psychologue.

### Changement de nounou ou de crèche !

Toute séparation est à éviter pour bébé, entre 4 et 8 mois.

Le changement de mode de garde est aussi malvenu. Tout visage inconnu peut l'insécuriser.

Stressé, bébé peut alors refuser la nourriture, à la crèche ou chez sa nouvelle nounou. Son sommeil est perturbé. Il est grognon !

## « Tu veux jouer avec moi ? »

Un changement d'école peut provoquer de nombreuses réactions chez l'enfant. Stress, incertitude et même angoisse ! « …Ils ont peur de laisser leur environnement scolaire et leurs camarades pour affronter une nouvelle école… », explique Stephan Valentin, docteur en psychologie. Apprivoiser un copain dans la cour de récréation pour ne pas rester seul, participer à des jeux différents est un grand défi pour lui. Il doit se surpasser ! Il stresse !

## Parents, soyez patients…

Chaque établissement scolaire a des règles de vie différentes. L'adaptation au nouvel enseignant, à l'ATSEM, peut demander du temps, à l'enfant.

Le comportement plus sévère de l'un ou de l'autre, un sourire moins convivial et un ton de voix, auquel il n'est pas habitué, peuvent le désorienter. Il ne connaît pas encore leurs réactions, leurs attentes.

Déboussolé, il peut se comporter de manière surprenante. Il affronte alors ce problème d'intégration en étant un ange à l'école, et un démon à la maison ! Ce n'est qu'un passage !

## Encore une nouvelle tête !

Bébé a chuté et s'est blessé au coude. A l'hôpital, divers examens médicaux s'imposent .Pleurs et cris résonnent dans la salle de soins. Bébé ne supporte pas la voix aigüe et le visage inconnu de la radiologue. Il stresse, s'énerve… Les bras de maman vont enfin le rassurer !

# La puberté, un passage difficile

C'est une transition. Le corps de l'enfant change. Ses idées, aussi. Cette métamorphose ne se fait pas, sans inquiétude, ni tension pour lui. Ces transformations soudaines se heurtent à sa personnalité, qui s'affirme.

L'apparition de la puberté et de la sexualité fait entrer l'enfant dans la préadolescence. Difficile pour lui ! Il n'est plus un enfant, mais pas encore un « grand ».

### Des « lolies » qui ne jouent plus à la poupée !

Après10 ans, le pré-adolescent ressent une perte de repères, face à toutes ses modifications corporelles. Cette évolution commence de plus en plus tôt, notamment pour les filles.

« L'âge des premières menstruations est de 12 ans, 5 mois en France et de 8 ans ,5 mois chez les afro-américaines aux Etats Unis… » rappelle le docteur François Gouraud, pédiatre et chef de service au CHU de Meaux.

## La honte du corps !

La transformation physique est là. Le moment est ingrat et inquiétant. Les glandes reproductives s'activent : éjaculation pour les garçons, règles pour les filles.

Les ados sont sous tension. Ils ne comprennent ni ne maîtrisent leur pulsions internes. Les garçons sont « bouillonnants » et ne savent pas pourquoi ! Les manifestations des changements hormonaux, staturaux, les inquiètent : fin duvet, moustache, apparition de poils sur les jambes, voix éraillée, peau et cheveux qui graissent. Que faire avec tout cela ? La transpiration et ses odeurs désagréables est redoutable. L'apparition des points noirs, des boutons sur le nez est démoralisante !

Les filles sont tout aussi inquiètes. La taille de leur poitrine ne leur convient pas. Tout ce qui est caché est encore plus angoissant !

Et ces bras et jambes qui grandissent plus vite que le tronc ? Est-ce normal ? Tout va trop vite quand on est encore si « petite » dans sa tête ! Que se passe-t-il ? Quelle angoisse ! Quel stress !

Bien sûr, il existe les pulls longs, les pantalons larges, les grandes mèches permettant de cacher la moitié du visage. Masquer ce corps encombrant est une priorité, mais avec qui partager cette inquiétude ?

Certainement pas avec les copains, encore moins avec les parents ! C'est stressant, angoissant !

## Le remue-ménage intérieur !

Excès d'humeur, alternance de moment d'euphorie et de tristesse. Les manifestations psychosomatiques prennent aussi le relais. Maux de tête, de ventre, vomissements, bouffées d'angoisse, sentiment d'étrangeté et d'irréalité, font partie du quotidien des adolescents. C'est paniquant !

Le réconfort des parents est alors nécessaire même s'ils ne sont plus leur seul repère. « Je t'aime, moi non plus», serait plutôt la devise des adolescents !

## A la recherche de soi-même…

C'est le début de la construction de l'identité. C'est la perte des idéaux infantiles. Les pré-ados explorent de nouveaux looks, de nouvelles tenues vestimentaires, de nouvelles coiffures, de nouveaux styles musicaux. Contestataires, ils refusent les réunions familiales, s'isolent ou n'ont qu'une hâte : retrouver leurs copains.

### Etre comme les autres… Une priorité !

Les adolescents s'interrogent sur la normalité de leur évolution .Si être en avance, est plutôt bien perçu par les filles, mais pas nécessaire, le retard de la puberté crée une inquiétude et un stress plus grand chez les garçons !

### Frappez à la porte avant d'entrer…

Les pré-adolescents sont très pudiques. Ils ont besoin d'intimité et d'espace personnel. Si ce besoin n'est pas respecté, ils sentent que leur bien-être est mis en danger. Ils ne savent pas comment y faire face. Ils stressent, sont irritables et désagréables !

# Le mal-être, malaise de l'adolescence

Des symptômes d'anxiété apparaissent fréquemment à l'adolescence. Contestation, crise identitaire, transgression en tout genre, sont à l'ordre du jour ! Echapper aux parents, à l'ordre établi est la priorité…

## Les copains et les copines avant tout !

Il claque la porte une fois de plus ! Il est pressé de rejoindre « les autres ». Il est inutile de lui proposer une sortie avec ses frères et sœurs ! Il boude, s'énerve au moindre refus ! Il vous fait bien comprendre qu'il a une seconde famille ! Il fait partie du « groupe ». Avoir le même look, le même langage que ses pairs, est une priorité pour l'adolescent.

## La recherche d'autonomie

L'adolescent aspire à plus de liberté. Mais le processus à déclencher n'est pas si simple ! Il inclue des allers-retours permanents entre autonomie et régression. Pour lui, il est difficile de franchir le pas vers l'inconnu, et la gestion des émotions est redoutable. Il s'ensuit un mal-être, des tensions permanentes.

### Souffrir pour grandir !

Dans certaines peuplades, dites primitives, on pratique encore le rite initiatique. Cette épreuve, instituée par la communauté, marque l'accès définitif au statut d'adulte. Le corps souffrant, l'isolement font partie du « passage ».

Le service national, a sans doute été l'un des seuls rites existants, dans le monde moderne. Le « jeune appelé », loin de sa famille découvrait souvent, pour la première fois, la vie communautaire et sociale, la discipline. Il devenait un adulte.

## A la recherche du « Soi »

Les interrogations existentielles, la quête d'identité et de liberté sont les préoccupations principales qui interpellent l'adolescent et le perturbent. Philippe Jamet, professeur de pédopsychiatrie à Paris V, a bien résumé ces questionnements : «… Qui ai-je envie d'être ? Qu'est ce qui me plaît ? Quelles références adopter… ? ». Il doute. Il se cherche. Il est angoissé.

## L'excès en tout genre

L'adolescent fragilisé vit des situations conflictuelles, avec son milieu environnant, souvent familial.

### Un pas vers la dépendance

Face à tous ces bouleversements, sans réponse et solution, qui lui conviennent, l'adolescent peut avoir des conduites de transgression.

La consommation d'alcool, de substances toxiques, tel le cannabis, prend le relais.

Le pas vers la dépendance est vite franchi. Le stress a engendré un état anxiogène qui s'est installé.

## La nourriture, « yoyo affectif »

Les troubles de l'alimentation sont souvent l'expression d'un état de crise, chez l'adolescente. Quand ils persistent, un mal-être permanent s'installe. Ils sont dus à :

• La difficulté à accepter son corps (problème de poids).

• Aux problèmes relationnels avec la famille ou les proches…

L'anorexie-boulimie, processus d'auto-destruction, s'installe rapidement .L' adolescente, en état de stress permanent, exerce un hyper-contrôle sur son mode vie. Elle compense la problématique alimentaire qu'elle ne maîtrise pas. Il est alors bien difficile pour les parents de se rendre compte de la gravité de la situation. Ils doivent, en tout état de cause, vite réagir.

Pour les plus jeunes, la tentative de fuite, face à une situation mal vécue peut se manifester, par une fugue.

Elle traduit une impulsivité et une tendance au passage, à l'acte, quand la pensée se retrouve dans une impasse. Elle est signe de rupture.

Le mal-être de l'adolescent, difficile à exprimer, peut se traduire par des actes de délinquance : vol, injures, violence, plus fréquents chez les garçons.

Selon une enquête récente de « Baromètre Santé Jeunes » : 8% des adolescents (12% des garçons et 3,5%des filles), reconnaissent avoir eu un comportement violent au cours des douze mois précédents.

# Le mal d'école à tout âge

Chaque enfant a un rythme d'apprentissage scolaire différent. Le système éducatif, trop évaluatif, générerait-il un excès de stress pour les plus fragilisés ? Jusqu'à l'usure…

Le stress est bénéfique lors de certaines situations (contrôles, examens). Il est de courte durée. Il stimule. Mais il est négatif quand il devient chronique. Il freine la faculté d'apprentissage de l'enfant. Il n'a plus de plaisir d'aller à l'école. Il est angoissé. On parle d'usure scolaire. L'écolier subit le quotidien dans une communication et un dispositif scolaire, qui ne correspondent pas à ses attentes. Il perd confiance en lui.

## Les signes du mal d'école

Marie-Claude Beliveau, orthopédagogue, psychoéducatrice :

- Echec scolaire (avec ou sans raisons cognitives)
- Absence d'intérêt ;
- Intolérance à la frustration ;
- Impulsivité et difficulté à gérer les émotions ;
- Tristesse, dévalorisation et découragement ;
- Problème de comportement ;
- Problème de socialisation ;
- Craintes, anxiété et phobies scolaires.
- Inhibition intellectuelle ou sociale ;
- Dépendance à l'adulte ;
- Maux physiques liés au stress pendant les jours d'école (mal de ventre, énurésie) ;
- Troubles d'apprentissage.

## Chaque enfant a une histoire unique

Le mal d'école ne vient pas uniquement, ni nécessairement des troubles d'apprentissages. Le retard du langage, la maîtrise de la lecture, la mauvaise organisation de l'enfant sont souvent évoqués. Le manque de concentration est retenu pour les plus grands.

A la maternelle, le lien entre l'affectivité et l'apprentissage est évident. La maîtresse est celle qui accompagne, qui rassure l'enfant quand il faut quitter maman. S'il se sent bien intégré, reconnu dans ses affects, il aura confiance en lui, et en l'école. Il est à l'aise et aura le gout de l'effort. S'il ressent, par exemple, une attitude plus autoritaire, d'incompréhension,

vis-à-vis de lui, chez l'enseignant(e), il peut se bloquer, se renfermer sur lui-même. Il peut refuser de se lever le matin, pour se rendre à l'école, en prétextant un mal, une douleur.

Le « mal d'école » peut être aussi ressenti par l'enfant, lors du départ du maître, en cours d'année. Stress, cauchemars font alors partie de son quotidien. Il ne faut pas sous-estimer son mal-être, dû à ses réactions affectives.

## De la communication…

Les facteurs affectifs influencent le développement et surtout l'utilisation des fonctions cognitives. Les facteurs relationnels jouent également un grand rôle. Si la relation enfant-école-famille est bien enclenchée, le mal-être de l'enfant s'estompe. La rencontre régulière avec les enseignants est alors conseillée, comme le suggère le pédagogue, Philippe Meirieu.

## Un système scolaire trop uniforme

L'enfant est curieux, avide de connaissances, dès son plus jeune âge. Il perd malheureusement son enthousiasme pour l'école, en grandissant. Même s'il est bien intégré, l'environnement ne lui permet pas toujours de développer son potentiel. La rigidité du système note-sanction qui stimule certains, décourage et stresse ceux qui ont besoin de plus d'attention. Ils n'ont pas le même fonctionnement, ni le même rythme d'apprentissage.

À un moment, l'écolier perd pied, se dévalorise. Il n'a pas droit à la différence. Et pourtant ! Faire l'école autrement, adapter des méthodes pédagogiques plus personnalisées autonomise, renforce la confiance des plus fragilisés.

Certaines écoles (Montessori, Steiner), valorisent l'enfant. Elles renforcent son épanouissement, l'encouragent. Toutes les matières ont leur juste place. L'interaction et le soutien pluridisciplinaire entre les élèves sont positifs et bénéfiques.

### Apprendre à apprendre !

Réviser le système scolaire, ses moyens d'action, ses modes d'évaluation. Compléter la formation du professeur des écoles, par une meilleure connaissance de l'enfant-ce qui semble poindre dans les IUFM-est une évidence.

Il serait alors en mesure d'évaluer les possibles difficultés et comportements de l'élève, afin d'intervenir à temps, et efficacement, par une attitude « juste », pour son bien-être !

**L'école est à repenser afin qu'elle réponde aux besoins de chaque enfant. Utopie ?**

# Enfant stressé, adulte stressé ?

Quel adulte devient l'enfant stressé, physiquement et psychologiquement. Saura-t-il ou non gérer son état de stress ? Quelles en sont les conséquences ?

En état de stress, l'enfant utilise naturellement le potentiel de ses ressources personnelles. Elles lui permettent d'y faire face. L'adulte utilise beaucoup moins cette capacité d'adaptation, appelée « coping ».

## De quelles pathologies, parle-t-on ?

Les conséquences du stress chronique agissent à long terme sur la santé.

Des facteurs tels l'hérédité, l'état général ou l'hygiène de vie de la personne, ont aussi une influence sur elle. Ils favorisent ou au contraire s'opposent au développement des affections, dues au stress. Mais les effets pervers s'installent insidieusement !

Les adultes stressés, souffrent souvent de maladies coronariennes plus tôt et plus souvent, que la moyenne de la population. Elles sont le résultat d'un long passé de sursimulation physique.

Ce comportement de stressé, de « type A », a été mis en évidence par des cardiologues dans les années 1950.

## Votre enfant est-il un stressé de « type A » ?

L'enfant de « type A », assimilé au tempérament sanguin, est vif, réactif aux situations. Il est toujours en mouvement, dynamique .Il est en principe, un modèle pour les autres enfants, car il est téméraire, frondeur. Il n'a peur de rien, tient tête. Toujours sous pression, il stresse rapidement.

Ils l'ont observé chez des adultes, luttant en permanence contre le temps, contre les autres, et se nourrissant d'émotions hostiles (colère, agressivité exprimée ou contenue…)

Troubles immunitaires, désordres hormonaux, fibrome utérin sont aussi observés chez les adultes stressés, depuis l'enfance.

## L'excès de grignotage, en cause ?

En Louisiane, le Dr Matthews, a réalisé une étude portant sur l'observation de 378 enfants de type « A », âgés de 2 à 7 ans. Ceux-ci ne prenaient pas le temps de s'assoir, mangeaient vite, grignotaient toute la journée, notamment du chocolat, aux qualités anxiolytiques.

Leur taux de cholestérol était plus élevé que la moyenne. Il en a conclu, qu'un stress excessif durant l'enfance peut être à l'origine d'une série d'habitudes, destinées à le combattre. Celles-ci persisteront à l'âge adulte, entrainant alors des effets nocifs.

Un jeune grignoteur impatient a donc plus de risques de développer, à l'âge adulte, une maladie coronarienne, une hypertension, une obésité.

Le processus de vieillissement cellulaire s'accélère également. Le « stress oxydant » favorise l'augmentation de radicaux libres.

## Le « burn-out », ou « syndrome d'épuisement », prévisible ?

L'enfant, sujet au stress chronique se dévalorise, ne contrôle pas ses émotions. Si la situation perdure, Il peut avoir des troubles comportementaux. Adolescent, il sera plus enclin à avoir recours aux addictions. Adulte, s'il ne modifie pas ses mauvaises habitudes de vie ou ses croyances, il ne pourra plus gérer la situation.

Toutes ces tensions peuvent aboutir au « burn-out », si des ressources internes ne sont pas mises en place. La personne « craque ». C'est la petite goutte d'eau, qui fait déborder le vase, au moment où l'on s'y attend le moins ! L'épuisement physique avec des symptômes émotionnels et comportementaux, s'accentue.

## Symptômes résiduels à l'âge adulte du stress chronique pendant l'enfance :

- Humeur à tendance dépressive ;
- Angoisse existentielle ;
- Dévalorisation, freinant la réussite professionnelle ;
- Manque de confiance en autrui ;
- Rejet du blâme sur l'Autre ;
- Phénomène de rémanence ;
- Addictions diverses.

## Le « coping »

L'enfant anxieux, le sera tout au long de sa vie d'adulte. Mais s'il est sujet au stress situationnel et qu'il a appris à bien le gérer pendant son enfance, il saura comment vivre avec. Il met en place des stratégies entre lui et l'agent « stresseur ».C'est le « coping ». Il maintient un équilibre vital et évite le « distress » (mauvais stress).

Partie III

# LA PRESSION AU QUOTIDIEN

# La scolarité : la course à l'excellence

Réussir à tout prix. Les pressions sont fortes. Un milieu familial avec beaucoup d'attentes ! Pourquoi une telle anxiété de performance. D'où vient-elle ?

## Des parents exigeants...

Leur enfant doit être le meilleur. Il doit faire ou ne pas faire comme eux, pour réussir dans la vie. Tout commence par l'excellence, évidemment !

Contrôles, bulletins scolaires ! Ils jugent, décortiquent, s'indignent, oubliant parfois d'encourager. Les résultats doivent être performants !

## Un contexte évaluatif stressant

Les valeurs de notre société sont sans appel : le paraître et la supériorité. Ces éléments sociétaux transmis aux enfants, favorisent le narcissisme. Comme l'affirme Gisèle Georges, psychologue : « ... là, ou le narcissique pense, le perfectionniste

affirme : les choses doivent être faites parfaitement ».

L'enfant ne supporte pas l'échec et stresse. Pour ne pas laisser place à l'erreur, il cherche, à tout contrôler, les personnes comme l'environnement.

De plus en plus d'enfants mettent en place des rituels immuables, qui les rassurent sur leur capacité à maîtriser. Les dessins de Thomas, six ans, le prouve. Ce ne sont que des figures géométriques, soigneusement millimétrées, à l'aide d'une règle.

## C'est quoi, au juste, le stress de performance ?

Certains enfants ou adultes, ont une disposition latente à réagir, au stress d'évaluation. En milieu scolaire, il n'est pas seulement l'apanage de ceux qui vivent des difficultés d'apprentissage. Les meilleurs élèves doivent beaucoup travailler, pour le rester. Ils finissent aussi par être confrontés, à un niveau élevé d'anxiété.

Une place de premier de la classe, rend souvent intolérable, l'idée d'être second. Cela est encore plus vrai chez ceux et celles qui ont décidé de se valoriser, dans les études, pour diverses raisons.

Tout se passe, comme si leur valeur ne s'exprimait qu'aux contrôles, aux examens. Certains parents, trop soucieux de la réussite de leur enfant, agissent à sa place. Cette assistance permanente contribue à générer de l'anxiété. L'enfant ne peut développer les compétences, nécessaires à sa réussite.

**Les causes en sont :**

• Le manque d'autonomie, autour de son apprentissage ;.

• Le manque de confiance en Soi ;

• La dépendance envers l'adulte qui organise, planifie, révise et corrige les devoirs.

L'enfant panique alors facilement à l'idée d'un contrôle, parce qu'il se sent incapable de penser et de réussir seul. Il stresse.

## Des conditions optima de réussite, un minimum de stress !

Pour avoir toutes les chances de son côté, pour réussir sereinement, l'enfant a besoin d'être bien « dans sa peau ». Il doit aussi posséder de bonnes habiletés intellectuelles, motrices, sociales. Il doit avoir une bonne audition, une bonne vision, des capacités d'attention et de concentration, une bonne mémoire et une certaine qualité de langage et de communication.

## Quand le doute s'en mêle...

L'excès de stress de performance, freine l'utilisation de la totalité des capacités de l'enfant.

L'enfant anxieux est distrait par une petite voix intérieure qui le met constamment en garde « fais attention, ne te trompes pas, tu dois réussir ». Il va donc se répéter tous ces messages pendant le contrôle, vérifie sans cesse ses réponses et finit souvent par manquer de temps. Il peut donc s'affoler.

Le stress mémorisé sera même plus important au contrôle suivant. Un excellent élève peut donc voir ses résultats chuter, à cause d'un tel processus.

# Le sport : le stress de performance

Les bienfaits du sport sont positifs. Encore faut-il que l'enfant soit en accord avec la discipline choisie par les parents, et que la compétition n'entrave pas son plaisir et devienne un stress !

« Plus les enfants sont stimulés au niveau sensoriel et corporel, plus leur apprentissage scolaire sera aisé... », affirme Michel Binder, pédiatre et médecin du sport.

## « Tu seras le meilleur », mon fils.

La projection du désir des parents sur l'enfant est bien réelle. «... J'aurais tellement aimé être judoka, mais les moyens financiers de mes parents ne le permettaient pas ...», affirme le père de Léo, 8 ans. Tout débute par l'inscription à un club. Mais Léo, enfant lent et rêveur, n'accroche pas. Il prétexte un mal de ventre ou de tête, à chaque entraînement. Son père, déçu, ne comprend pas. Il se fâche.

Léo, peu doué, n'est jamais sélectionné, pour les compétitions. Il doit les affronter, avant même d'avoir eu le temps d'apprivoiser ce sport. Il préfé-

rerait s'inscrire à une autre discipline. Il se sent incompétent et incompris. Il devient anxieux et appréhende chaque cours. Il s'en veut de décevoir son père. Il stresse.

## Faire plaisir aux parents, oui...mais !

Les enfants trop stimulés et poussés à l'excellence, sont fragilisés. Ils apprennent en premier, à satisfaire le désir de l'autre. Quand ils ne donnent pas satisfaction aux parents, ils s se sentent « mauvais enfants ».Par névrose d'échec, ils peuvent abandonner ce qu'ils ont entrepris. Ils manquent de confiance en eux. Ils sont privés de ce qu'on appelle les bases du « Soi ».

## La compétition : La crainte de l'échec

Lucas, 11 ans, enfant hyperactif, a des résultats scolaires très médiocres. Le système éducatif ne lui convient pas.

Mais il apprécie beaucoup le sport. Il lui permet de compenser et de montrer ses compétences. De toute évidence, il est doué dans la discipline qu'il a choisie. Il aime le défi et être le meilleur, à chaque fois...

L'entraînement pour la compétition lui impose beaucoup de discipline. Il s'entraîne plusieurs fois par semaine, au club de tennis. Il envisage même de s'orienter vers le « sport études ».

Mais il doit faire beaucoup d'efforts pour être sélectionné, à chaque tournoi.

Il devient nerveux, tendu. Il lui arrive même d'avoir des troubles du sommeil, des vomissements, avant une rencontre sportive. Le stress engendre le trac, la peur, l'anxiété. Peur de perdre, peur de l'échec, peur de se blesser, peur d'être ridicule devant des spectateurs ou des juges, peur de l'adversaire. Il connaît bien toutes ces émotions. Elles font partie de sa vie. L'excellence a un prix. Lucas est-il prêt, malgré son jeune âge, à assumer ce défi ?

## La rivalité, un bien ou un mal ?

La place de la compétition dans l'apprentissage est un sujet d'études, approfondi par les pédagogues. Il en ressort, que certains enfants cherchent à réussir dans les domaines, pour lesquels ils sont très doués, notamment les activités physiques.

Même si, mis en situation compétitive : « ...Les golfeurs juniors ont plus de difficultés, à gérer leur émotion, que les golfeurs adultes... », affirme l'un d'eux. « ... Ils ont plus de colère et d'anxiété. Ils ont recours aux insultes et aux jurons pour se défouler et relâcher la pression. Ils veulent être les meilleurs, à tout prix ...» ajoute-t-il.

# La famille : de multiples tensions

Famille nucléaire, famille monoparentale, famille recomposée. Elles sont toutes différentes, mais les disputes sont inévitables ! L'enfant cherche sa place...Pas facile de composer au quotidien entre parents, beaux-parents et fratrie. Que de stress !

## Frères et sœurs : Fusion ou rivalité ?

La famille nucléaire est souvent citée comme modèle idéale, à l'épanouissement de l'enfant. Et pourtant ! Même si l'union ou l'entente des parents sécurise l'enfant, les problèmes dans la fratrie sont bien présents.

Elle est hiérarchisée et source de conflits :

**L'aîné** n'a aucune envie de partager ses parents avec le cadet. Il était là avant lui ! Il est jaloux. Mais Il doit rapidement penser « grand », être appliqué, donner l'exemple. Il a aussi

un rôle de superviseur, qui le dérange. Il est contrarié !

**Le cadet**, bien souvent dans l'ombre de l'aîné, a des difficultés à se faire entendre et à s'affirmer. Il manque de confiance en lui, fait beaucoup d'efforts ou se décourage. Il est anxieux!

**Le benjamin** essaye de tirer profit de son rang de « petit dernier ». Méprisé ou adulé par les grands, il « jongle » dans cette situation, non sans mal. Il est inquiet.

## Mes parents se séparent. Qui va me protéger ?

La séparation des parents pose questionnement à l'enfant, avec des problématiques différentes, suivant l'âge. Pour les plus petits, les réactions émotionnelles récurrentes sont :

- Je me sens abandonné(e).
- Je suis perdu(e).
- J'ai honte.
- Je suis en colère.
- J'ai fait quoi de mal ?
- Je voudrais les sauver.
- Qui va me garder ?

## La famille monoparentale : l'enfant confident ?

Dans 85% des cas, lors de la séparation des parents, la mère est à la tête de la famille monoparentale. Aujourd'hui, un enfant sur cinq est concerné. Il est soumis à diverses tensions:

• Précarité financière du foyer, souvent présente.

• Difficulté de la mère à mener de front une vie professionnelle et familiale ;

• Tensions entre les parents, en ce qui le concerne (pension alimentaire, mode de garde, santé, école) ;

• Stress de séparation, avant ou après le départ, chez l'autre parent.

*L'enfant se sent manipulé. Il veut plaire aux deux parents, qu'il aime tout autant. Cela le rend, anxieux, confus. Il culpabilise. Il endosse souvent un rôle de médiateur, inapproprié à son âge. Il réagit alors par une fatigue physique ou intellectuelle, peut régresser dans son comportement. Il est en état de stress.*

oui

## La garde alternée : où j'habite ?

Une semaine chez maman, une semaine chez papa. Reconnu par la loi en 2002, ce mode de garde, malgré ses bienfaits, pose problème. Marcel Rufo, pédopsychiatre, affirme : « Je suis contre ». En effet, cela demande à l'enfant un effort d'adaptation excessif. Il n'apprécie pas le change-

ment dans son mode de vie. Même s'il semble s'habituer, il se sent désorganisé dans ces allées et venues, entre deux domiciles.

Il ne sait plus où sont ses affaires personnelles, stresse à l'idée de les oublier chez l'un ou l'autre des parents.

## La famille recomposée : le quotidien chamboulé

L'enfant est confronté à des problèmes récurrents :

• En visite chez son parent, le week-end, il se sent déjà de trop ou en « visiteur ». Il voit celui-ci s'occuper des enfants d'un(e)autre ;

• La même situation peut se produire, là où il vit, si d'autres enfants sont présents ;

• La place du beau-parent peut aussi perturber l'enfant. Son rôle éducatif, de protection, sans pour autant se subsister au père ou à la mère, n'est pas toujours respecté.

• La venue d'un bébé dans le nouveau couple peut rassurer l'enfant qui voit la famille se consolider. Mais s'il se sent « oublié », il peut s'isoler. En situation où il se sent mal à l'aise, l'enfant devient tendu, anxieux et stressé.

### Déboussolés !

En famille recomposée, 63% des enfants vivent avec leur mère, 37% avec leur père. Le nouveau regroupement familial doit être préparé, se faire par pallier, pour minimiser les tensions. L'enfant a besoin de temps et de confiance, pour intégrer sa nouvelle famille, son nouveau mode de vie.

# Le stress est contagieux !

Dépendant de l'adulte, hypersensible, l'enfant s'imprègne, comme une éponge, du ressenti de son entourage. Le stress des parents, de l'environnement journalier, a une grande influence sur lui.

## Des stimuli stressants !

L'enfant réagit à des stimuli, en résonance avec son ressenti. Il s'en imprègne.

Si certains lieux ou contextes, certaines personnes l'apaisent ou le stimulent positivement, d'autres le stressent. Un rien suffit ! Un geste maladroit, un brusque changement de tonalité de voix.

S'il perçoit un énervement, Il est vite contrarié, angoissé.

### Dès le berceau !

Bébé pleure. Impossible de le consoler. Maman s'affole, n'identifie pas la cause de son désarroi .

Elle est angoissée. Plus son stress monte en puissance, plus l'enfant pleure. Un processus est enclenché. Ils se communiquent leur stress mutuellement!

## Parents exténués, enfant stressé !

Certains parents savent réduire ou éliminer les éléments, perturbant le quotidien de la famille. D'autres, non ! Contraintes, course à la montre. Le manque de temps et de disponibilité orchestre leur quotidien :

### « Et alors ? »

En période d'examen scolaire, l'ambiance familiale est plutôt tendue. Les parents attendent les résultats, avec impatience. L' adolescent est sans cesse surveillé, questionné. Une interminable liste de SMS apparait sur sa tablette : «es-tu reçu(e) ? ». La pression est inconsciemment transmise à l'adolescent. Il stresse, à son tour.

- Pression au travail ;
- Problèmes liés au transport ;
- Emploi du temps à gérer, pour tous les membres de la famille.

La tension est omniprésente. À bout de souffle, en fin de journée, ils déchargent leur stress sur l'enfant. Toute parole mal interprétée, dégénère en conflit. Remontrances, critiques sont à l'ordre du jour. L'enfant stresse, appréhende le retour des parents !

## Et les disputes, à table ?

Si certains repas familiaux sont conviviaux, d'autres le sont moins. Ce moment de réunion des membres de la famille, autour de la table, incite les uns et les autres, à régler des conflits « sous-jacents ». L'atmosphère peut vite changer et faire oublier la détente initiale…

L'angoisse d'un des membres de la famille peut vite se communiquer aux autres. Non exprimée, non formulée, elle crée une atmosphère pesante !

Les disputes parentales se passent souvent, en présence des enfants, aux moments des repas.

Il faut savoir que le stress entraine le stress, surtout entre parents et enfants. Ces derniers sont intuitifs. Ils connaissent les mots déclencheurs des querelles. Inutile de masquer le malaise !

*Les parents s'en rendent compte mais leur stress est tel, qu'ils n'arrivent pas à échapper à cet engrenage !*

## Parents, détendez-vous !

Posez-vous ! Soufflez, à votre arrivée, à la maison. Faites une pause avant de commencer les obligations, les tâches domestiques ! Prenez un bain, changer de tenue, brossez-vous les cheveux, écoutez une musique apaisante ou chantez. Un petit rien qui fait un tout !

Et dialoguez, écoutez-les, pour évacuer le stress et détendre l'atmosphère !

# Un emploi du temps trop chargé !

Pas de pause dans le planning hebdomadaire ! Excès de devoirs à la maison, excès d'activités extra-scolaires. La cadence est soutenue. Les enfants n'en finissent plus de s'activer. Ils se fatiguent, manquent d'attention. Leur vie devient un marathon ! Ils stressent !

Tout « bon parent », s'occupe de son enfant ! L'éveiller, lui donner le maximum d'outils, d'atouts dans la vie, est une priorité. Il affrontera mieux une société, que l'on considère chaque jour, plus exigeante et plus incertaine que la veille !

Cela nécessite de multiplier les compétences de chacun d'entre eux, dans de nombreuses disciplines. Les journées sont trop courtes et les enfants sont épuisés !

## Toujours plus vite !

La vitesse et l'efficacité sont devenues des priorités. La lenteur est considérée comme un état de passivité, de paresse .L'enfant doit s'autonomiser et devenir adulte rapidement. Précoce, il rassure ses parents. Il subit une forte pression, notamment dans les classes moyennes et favorisées.

## L'enfant n'est pas un adulte miniature !

Tout commence par la semaine de cinq jours. Elle impose un rythme soutenu, notamment pour les plus petits, selon l'avis des chronobiologistes.

La journée est longue. L'enfant se couche de plus en plus tard. Le réveil matinal est difficile. Il faut vite avaler un jus d'orange, se laver, s'habiller, remplir le cartable, qui n'a pas été préparé la veille. Le bruit de la cour d'école et de la cantine renforce le facteur stress. L'étude demande encore beaucoup d'attention.

*Il doit se concentrer, se discipliner. L'enfant rêveur en souffre.*

Le retour à la maison, entre un rendez-vous chez le pédiatre ou l'orthodontiste, est enfin bienvenu ! Mais les tensions y sont aussi présentes !

**Comment repérer les signes de saturation de l'enfant :**

- Il est dans un système plaintif.
- Il ne dort plus très bien, se réveille en pleurant.
- Il a des troubles comportementaux et alimentaires.
- Il est en baisse dans ses résultats scolaires.
- Il est anormalement fatigué.

## Les devoirs : contrôle des connaissances, ou corvée ?

Béatrice Cooper Royer, psychologue clinicienne, dénonce le poids du système scolaire, trop chargé, notamment à l'école primaire. Privilégier la qualité à la quantité serait un plus.

Même si, en primaire, l'enseignant peut donner à ses élèves un travail oral de recherche ou des leçons à apprendre, les devoirs s'accumulent, dès l'entrée en sixième. Certains élèves s'acharnent, s'énervent,

perdent pied et confiance en eux. Ils arrivent en cours le lendemain, fatigués, démoralisés. Ils n'ont plus envie d'apprendre.

« On est tout le temps dans notre chambre à étudier jusqu'à 23 heures, on ne voit pas beaucoup notre famille » se plaint Estelle, collégienne en classe de cinquième.

## Des activités périscolaires, en plus…

La performance, avant la détente et le bien-être. Tout comme l'entreprise, l'école se prolonge en heures supplémentaires. L'enfant doit être occupé, à tout prix.

À peine a-t-il le temps d'avaler son goûter, qu'il enchaîne avec un cours de sport, ou de musique. C'est un surplus. C'est en trop. Une activité mesurée (une fois par semaine pour les enfants de maternelle) est suffisante et bénéfique !

## Encore, un facteur chance !

Certains enfants ont une aide parentale calme et sereine. Ils étudient dans de bonnes conditions. D'autres ont des difficultés à s'isoler dans une fratrie bruyante, dans des lieux exigus, avec des parents impatients, débordés. L'enfant assume alors un rôle d'adulte. Il a peu de temps à consacrer à ses devoirs. S'il est appliqué, Il ne peut être que contrarié et stressé.

# La cour de récré : encore des conflits !

Se faire des amis ou des ennemis dans la cour d'école, du collège, du lycée ? L'élève peut y être exclus, bafoué, malaimé. Bouc émissaire, isolé du groupe, il peut subir de l'intimidation, et même diverses autres formes de violence.

On parle de plus en plus du « grand mal », intra-muros, à l'école. La cour, initialement lieu de détente ou de jeu pour les plus petits, devient vite un enfer.

## Les causes du rejet des différences

(Germain Duclos, psychoéducateur) :

- Refus de l'enfant, d'intégrer au jeu d'un autre enfant ;
- Différence physique : handicap, poids, couleur de la peau ;
- Difficultés de langage ;
- Différence d'accent, de style vestimentaire non codé dans le groupe ;
- Différence d'origine sociale
- Différence de comportement : agressivité, hyperactivité, opposition, passivité, maladresse sur le plan relationnel ;
- Manifestation d'antipathie ou d'hostilité d'un adulte envers l'élève.

Certains enfants, ciblés à cause de leur différence ou de leur difficulté à se faire des amis, sont en position de victimes. Terrorisé, stressé, l'enfant, l'adolescent doit faire face, au quotidien à ses « bourreaux ».Il est sous tension, appréhende de franchir la porte d'entrée, de l'établissement.

## Seul à la récré : « mal-aimé » ?

Les enfants ignorés ou « traités » par leurs camarades de classe, souffrent en silence de cette situation .Ils se sentent seuls, honteux, humiliés. Ils n'en parlent pas.

L'enfant passe la plupart de son temps à l'école, dès son plus jeune âge. Ses camarades de classe tiennent une grande place, dans sa vie. Il ne supporte pas d'être mis à l'écart. Pour lui, l'isolement d'avec les autres, est un facteur important de stress.

Certains d'entre eux n'arrivent pas à s'endormir le soir, en pensant à la souffrance du lendemain, à l'école. Ce rejet est rarement provisoire : il perdure pendant toute leur scolarité.

## Apprendre à s'intégrer au groupe

L'enfant a besoin de se sentir aimé, estimé, accepté par les autres et être semblable à eux. Il est soucieux d'être « reconnu », au sein du groupe, sinon il déprime. Une classe d'enfants est bien hiérarchisée. On y côtoie des personnalités différentes :

• En maternelle : le« caïd », le rebelle, le casse-cou,...

• Chez les plus grands : le brillant, le sportif, l'éternel absent,...

Malgré ces disparités, un esprit de partage, d'empathie, de coopération,

s'installe généralement entre tous. Sylvie Bourcier, consultante en petite enfance, note que : «… l'enfant qui aborde les autres brusquement, qui manifeste des comportements agressifs comme pousser, taper, crier, pour obtenir ce qu'il veut, peut être rejeté du groupe d'enfants. Il est exclu… ».

À l'inverse, un élève peut devenir un « caïd », à cause d'un comportement « défiant ». Il transgresse des règles. Les autres en ont peur, et préfèrent être ami, avec lui. Il peut même imposer à ses camarades de bouder l'un d'eux. Si certains jouent avec lui, en dehors de l'école, ils refusent, par peur du « caïd » de le faire, dans la cour de récréation.

L'enfant, maladroit dans ses relations interpersonnelles, a peu de chance d'intégrer le groupe. Il devient vite une cible, subit des moqueries. Il stresse.

## L'intimidation (enfants et adolescents) : sous quelles formes ?

**Intimidation directe :**

- L'abus verbal : « se traiter » ;
- Le taxage : utilisation de menaces, de chantage pour obtenir des biens matériels
- L'agression physique, le racisme, le vandalisme.

**Intimidation indirecte :**

- L'exclusion intentionnelle à la suite de rumeurs ou de calomnies, destinées à isoler l'élève.

Ces deux formes d'intimidation stressent beaucoup les victimes, surtout si elles sont répétées. Celles-ci peuvent se prolonger à l'extérieur, sur le chemin de l'école, dans l'autobus, etc…

# La névrose d'échec : ne pas décevoir !

L'enfant a-t'il encore droit à l'erreur ? Il subit de fortes pressions parentales, scolaires, environnementales. L'exigence du perfectionnisme ferait-elle oublier que l'échec forme à la réussite ?

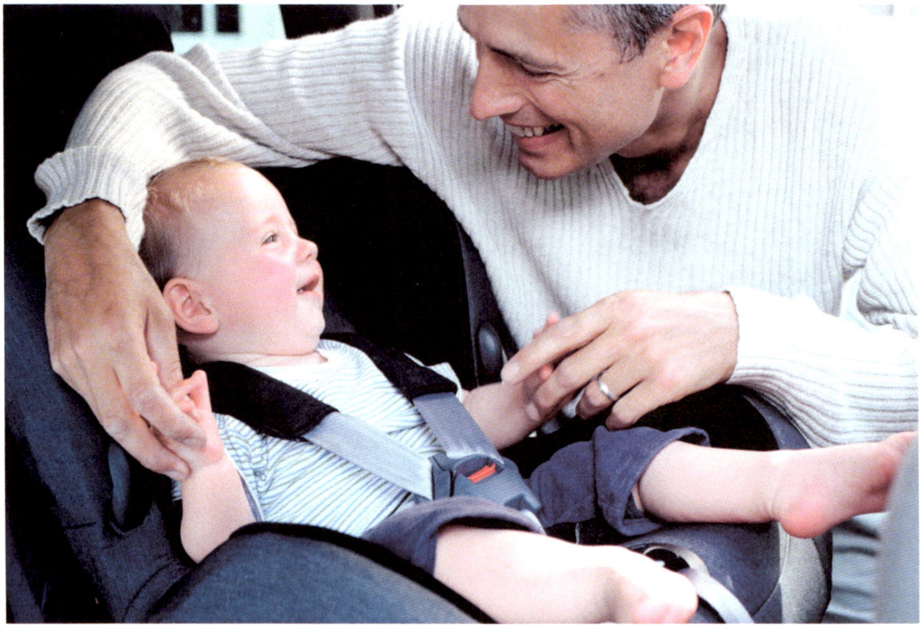

## Comment agit la névrose d'échec ?

Elle met en jeu, une forte culpabilité inconsciente, poussant l'enfant malgré lui à rechercher la punition, sous toutes ses formes.

## « Pas question de le rater » !

De nos jours, l'enfant arrive au bon moment. Il est attendu, adulé. Certains parents ont leur premier enfant, après 35 ans. Monique Bydlowski, neuropsychiatre et psychanalyste, constate que : « ... beaucoup de couples,

## Traitement de l'information

Des experts ont constaté que, face à une situation, le cerveau l'évalue, en trois questionnements :

• Suis-je dans un contexte connu ou inconnu ?

• Suis-je en danger ou non ?

• Ai-je les capacités de l'affronter, ou non ?

Si l'enfant se sent incapable d'affronter à nouveau une situation, il stresse.

## Peur de déplaire : quels signes d'anxiété ?

• Panique et/ou crise d'angoisse avant, pendant, juste après une situation donnée (contrôle, examen) ;

• Symptômes physiques : maux de tête, maux de ventre, insomnie, nausées, vomissements ;

• Pensées négatives : je vais tout rater, j'ai oublié tout ce que j'ai appris ;

• Peur panique d'échouer. Il se conditionne pour y arriver.

sachant qu'ils auront un ou tout au plus deux enfants, les souhaitent sur mesure... »

Mais cette réflexion, cette maturité a le revers de la médaille. L'exigence est au rendez-vous. Les enfants n'ont pas droit à l'erreur. Ils sont valorisés ou dévalorisés. Bien ou mal. Récompense ou punition.

L'enfant le comprend dès son plus jeune âge. Il doit plaire à tout prix, ne pas décevoir. Il est sous contrôle permanent.

## Pourquoi une telle névrose d'échec?

• Les parents sont très exigeants depuis l'enfance ;

• L' enfant reçoit beaucoup d'éloges et de compliments : il veut combler les attentes.

• L'enfant devient perfectionniste comme son entourage ;

• L'enfant à peur de ne plus être aimé, s'il n'est plus parfait

• L'enfant ne supporte pas l'échec. Il souhaite réussir tout ce qu'il entreprend. Il a peur de ne pas être à la hauteur.

## Jusqu'au blocage…

Les catégories d'enfants à risques de névrose d'échec :

Les anxieux, les nerveux, les soucieux, les rebelles. Ils n'osent pas agir et se donnent des prétextes pour éviter toute situation nouvelle.

La peur de l'échec les empêche d'agir. Ils abandonnent. Ils perdent confiance en eux. S'ils subissent des pressions, ils se la mettent également, eux-mêmes.

Leur devise est : « Pourquoi essayer, de toute manière, je n'y arriverai pas… »

### Le nombre des écoles privées explose…

Pour satisfaire les rêves d'excellence des parents. Elles sont jugées, non à la qualité globale de l'éducation offerte aux élèves, mais en fonction des résultats quantifiés obtenus aux examens. Leur réputation est alors en jeu.

Partie IV

# SOYEZ DES PARENTS BIENVEILLANTS

# Identifiez les causes, dédramatisez la situation

Repérez les situations stressantes récurrentes. Rassurez votre enfant. Apprenez-lui à les appréhender positivement.

## Comment évaluer le stress ?

David Elkind, psychologue à Medford, Massachussetts, a établi une échelle, pour mesurer le stress des enfants .Il a enquêté puis attribué des points chiffrés, suivant l'importance d'un évènement vécu par l'enfant- 100 points maximum à 11 points minimum.

**Quelques exemples :**

- **100 points** : Mort d'un parent ;
- **73 points** : Divorce des parents ;
- **53 points** : Maladie ou blessure de l'enfant ;
- **50 points** : Remariage d'un parent
- **45 points** : Réconciliation des parents
- **31 points** : Menace de violence à l'école
- **29 points** : Départ de la maison d'un frère ou d'une sœur plus âgée.
- **25 points** : Acquisition ou perte d'un animal favori
- **17 points** : Fréquentation d'un camp de vacances
- **12 points** : Réception d'anniversaire.
- **11 points** : Punition pour ne pas avoir dit la vérité.

**Synthèse pour l'ensemble du test :**

- **L'enfant obtient moins de 150 points** : il a un stress moyen
- **L'enfant obtient entre 150 et 300 points** : il a un stress supérieur à la moyenne
- **L'enfant a plus de 300 points** : il a un stress générant d'importants changements comportementaux et de santé.

## Relativisez sans minimisez

Votre enfant de 3 ans a brisé l'anse de votre vase préféré, lors d'un jeu de balle, dans le salon. Il panique. Pleurs et cris s'enchaînent. Il devient tout rouge. Comment réagir devant son état de stress ?

• Canalisez ses émotions et maîtrisez les vôtres en restant calme sans crier. Rassurez-le.

• Quand il est apaisé, expliquez-lui qu'il s'agit d'un geste maladroit mais que, jouer à la balle dans la maison, n'est pas une bonne idée. Cherchez ensemble des solutions à la résolution du problème, et faites le participer à la réparation du vase.

• Restez positif et utilisez des phrases affirmatives. Expliquez-lui que la situation n'est pas aussi catastrophique qu'elle ne le parait.

• Epargnez-lui la culpabilité, la mauvaise estime de soi. Il apprendra que l'erreur permet la réflexion pour éviter le même genre d'incident.

### Apprenez-lui à mieux se connaître.

Chaque enfant a une attitude différente, face au stress. Certains utilisent spontanément leurs ressources personnelles. D'autres ne savent pas les mettre à profit. Guidez-le dans cet apprentissage. L'acquisition de ces techniques se fait en fonction de son développement, de son âge.

## Plan d'action anti-stress :

• Changez sa façon de réagir devant l'agent « stresseur ».

• Apprenez-lui à relativiser la difficulté, le problème. Des solutions existent toujours, comme une situation vécue précédemment. Parlez-en, ensemble.

• Encouragez le à développer sa capacité de résilience. Elle lui permet de rebondir, quand il pense que tout va mal. Il s'appuie alors sur son optimisme, sur l'estime de Soi.

• Apprenez-lui à accepter ses trop-plein émotionnels, à les laisser passer. Rassurez-le.

• Veillez au sentiment de sécurité chez les plus petits .Il a un rôle de prévention du stress (sécurité physique et affective, préparation de l'enfant aux changements).

# Écoutez-le, rassurez-le

Soyez attentif à ce que l'enfant dit ou ne dit pas. Rendez-vous disponible, au bon moment .Ayez les mots justes, pour le sécuriser, quand il est inquiet. Devinez-le !

Les enfants stressés ont du mal à exprimer leurs demandes. S'ils le font, c'est souvent avec agressivité, car ils se sentent incompris. Ils ne savent pas le faire autrement !

Etre à leur écoute, les aide dans leur difficulté. Ce qui leur permet de ne pas s'énerver ou de se renfermer sur eux-mêmes. Ils sont moins tristes, moins malheureux.

## Maman, tu m'écoutes ?

Ecouter, ce n'est pas entendre. C'est prendre le temps, être attentive aux paroles de l'enfant.

## Ecouter ou entendre ?

Avoir une écoute active, ce n'est ne pas être ailleurs, mais dans le présent, ne pas faire autre chose simultanément, quand il vous raconte ses petits tracas, à la sortie de l'école.

C'est accorder de l'importance à ce qu'il dit, même si cela vous semble anodin !

C'est ne pas en rire ou commencer une conversation téléphonique, avec une autre personne, quand il vous parle sérieusement.

Décodez son message. Il peut être banal ou important. Reformulez- le en langage ouvert, si nécessaire, pour en apprendre plus et le vérifier.

Et si vous n'êtes pas disponible… au bon moment, dites-lui, avec des mots adaptés à son âge.

Il vous confie quelque chose d'important.

Vous êtes concentré(e) sur la conduite de votre véhicule, expliquez lui que, dès votre arrivée à la maison, vous l'écouterez. N'oubliez pas de le faire !

Pour les plus petits, utilisez votre montre. L'écran visuel sera une mesure du temps, plus concrète pour lui !

## Attention, à votre comportement !

Il converse sérieusement. Ecoutez-le. Adoptez une attitude ouverte, détendue, Ne croisez ni les bras, ni les jambes. Evitez les signes d'impatience, comme les yeux au ciel, les haussements d'épaule, les soupirs !

Ne lui coupez pas la parole à chaque instant, mais laissez le aller, au bout de ses phrases. Il doit se sentir en confiance et en sécurité pour formuler ce qu'il a besoin de dire !

## Evitez le déni !

N'entamez pas un dialogue de sourds, s'il tient des propos qui vous dérangent. Ils peuvent être graves. Certes, les enfants stressés sont souvent dans l'exagération des paroles. Tendus, ils s'expriment difficilement, verbalement. Mais l'enfant doit être entendu, reconnu, apaisé dans ses peurs, ses doutes, petits ou grands tracas. Prenez donc le temps de l'écouter. Accordez de l'importance au moindre détail !

## L'insécurité, son ennemie N°1

L'enfant anxieux est déstabilisé par le moindre changement dans l'organisation de son quotidien, de son lieu de vie, de son système éducatif. Vous le rassurez en favorisant l'information préventive, avant toute nouveauté, et en adoptant :

- Un vocabulaire vrai et adapté à son âge ;
- Les mêmes rituels, quel que soit le changement ;
- Les mêmes horaires, les mêmes habitudes ;
- Une ligne de conduite éducative stable (ni trop répressive, ni trop permissive) ;
- Sécurité et affection, en accueillant ses émotions, sans jugement !

## Câlinez-le !

Les gestes affectifs rassurent les plus petits et les plus grands. Que ce soit bébé, stressé par un mal de dents ou votre adolescent, en pleine crise de larmes, suite à un chagrin d'amour. Fille ou garçon, serrez les dans vos bras. Isabelle Filliozat, psychologue et fondatrice de l'école des intelligences relationnelle et émotionnelle(EIREM) dit : « … rien ne vaut le contact physique pour apaiser un enfant qui se réveille la nuit, en pleurant-ce qui n'empêche pas de chercher l'origine de sa peur, qui est déjà un langage en Soi…»

# Dites-lui que vous l'aimez

Arrêtez-vous, posez-vous un instant dans la sur-organisation et la précipitation du quotidien. Prenez le temps « d'être » au lieu de « faire ». Osez dire vos sentiments, votre amour à votre enfant, même si chacun le sait, déjà.

Le rituel des enfants joue un grand rôle, dans l'affectif. N'oubliez pas le bisou, juste avant d'entrer à l'école. Sinon, il en déduit que vous êtes fâché(e). Il culpabilise, commence à stresser !

## « Je t'aime », plutôt que « dépêche-toi » !

Tout enfant veut se faire aimer. L'amour cultive l'estime de Soi.

Pendant les deux premières années de sa vie, la sécurité affective est essentielle. L'enfant aimé est heureux, épanoui.

La satisfaction de ses besoins fondamentaux est primordiale. C'est la base de la survie (Pyramide de Maslow). Mais elle doit être assurée dans un environnement affectif, permettant la nécessité d'être caressé(e), touché(e), consolé(e).

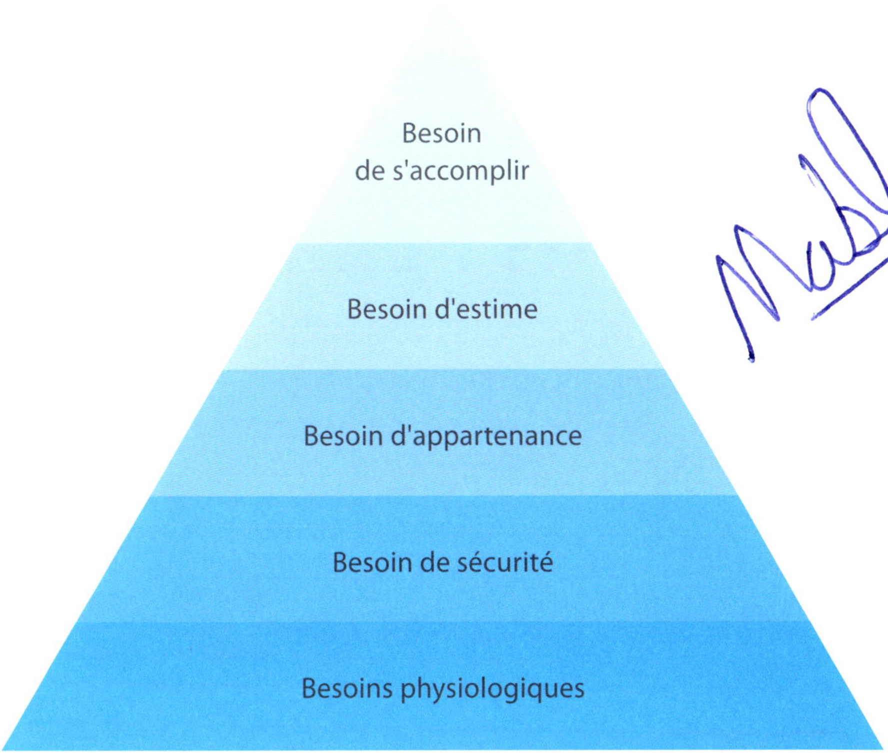


## Les petites attentions, les plus importantes !

Chaque enfant d'une fratrie est différent. Accordez un petit plus à chacun, une marque d'affection personnalisée.

Une étreinte avant son cours de judo pour l'un, la lecture d'un conte quotidien pour l'autre, etc…

Serrez le dans vos bras, très, très fort. Toute attention, même si elle vous semble insignifiante est un repère, qui lui permet de « grandir » en toute quiétude.

## Apprenez à lui « dire » votre amour

La pudeur empêche certains parents d'être démonstratifs avec leurs enfants. Ils sont tout aussi aimants que les autres, mais ne sont pas à l'aise, pour exprimer leur amour, leur tendresse. Cette retenue est d'ailleurs souvent transmise par leurs propres parents, d'une génération à l'autre. Auparavant, il était de bon ton, que le sexe masculin soit hermétique aux marques affectives. C'était presque un devoir, un principe éducatif ! Hommes et femmes partagent désormais ces moments privilégiés avec leurs enfants !

## Deux astuces pour oser « dire »votre amour :

- **Le jeu** : tu m'aimes, un peu, beaucoup, à la folie, passionnément. Courir derrière l'enfant et s'arrêter pour lui faire des bisous.
- **L'écriture :** dites- lui votre amour sur une jolie carte pour son prochain anniversaire.

Des professionnels québécois en relations humaines ont posé la question suivante à des enfants de 4 à 8 ans.
**« Que veut dire l'amour ? »**

Réponse de Jessica (8 ans): « On ne doit pas dire je t'aime si ce n'est pas vrai. Mais si c'est vrai, on doit le dire beaucoup parce que les gens oublient ».

## Un « je t'aime » plutôt qu'un cadeau, de plus…

Beaucoup de parents, pris dans un système de vie, passent une grande partie de leur journée, au travail. Ils ont peu de temps à consacrer à leur enfant. Ils culpabilisent. Ils compensent le manque de présence, auprès de celui-ci, par une pléthore de cadeaux, jouets, compensation matérielle, financière, etc…

Si l'enfant apprécie d'être gâté et comblé par ceux-ci, il se sent néanmoins en « manque affectif » par cette unique compensation. Quelques marques d'amour et le petit mot magique « je t'aime », suffisent alors à combler le besoin de réassurance, d'amour. L'enfant oublie son anxiété, parce qu'il se croyait mal- aimé.

# Ne criez pas sur lui

Les cris, les hurlements des parents font peur aux enfants. Ils stressent. La communication non verbale, grâce à l'observation, le contrôle gestuel, pallie aux débordements d'énervement.

## L'autorité. Oui… mais !

Après une journée de travail, les parents sont fatigués et stressés. Mais leur rôle éducatif demande encore quelques efforts ! Comment ne pas déraper :

- Contrôlez vos émotions. Libérez-les, avant d'endosser votre rôle de parent.
- Anticipez les situations conflictuelles et leurs mécanismes d'enclenchement, que vous avez repérés.
- Soyez prêts à faire face, à toute maladresse de votre enfant. Faites preuve d'empathie.

## Criez-vous contre vous-même ou votre enfant ?

Vous êtes en fait, en colère contre vous-même. Peut-être vous sentez-vous écrasé(e) par vos responsabilités ? Conseils:

- Détendez-vous et déléguez une partie de vos tâches et de l'éducation de votre enfant à l'autre parent, ou à vos proches.
- Soyez patient(e) ou apprenez la patience !
- Soyez indulgente(e) avec votre enfant. Ne soyez pas dans l'exigence quand il est, lui aussi, fatigué.

• Projetez- vous dans la réaction, les peurs d'un petit enfant, face à un parent qui hurle. Il pense que tout arrive, à cause de lui. Il culpabilise !

**Et surtout…**

• Révisez votre impuissance d'anticipation, à mettre des limites et à faire un bon usage de votre autorité. Recadrez une situation par le dialogue. Invitez votre enfant à réparer ses bêtises.

• Apprenez à ne pas reproduire certains schémas. Peut-être aviez-vous une mère explosive ou un père hurleur ?

## Utilisez la communication non verbale.

Pratiquez la synergologie (décryptage de l'attitude, du mouvement corporel). Observez votre enfant, ses gestes, ses attitudes, ses mimiques. Vous apprendrez beaucoup sur lui, et décèlerez ses cachoteries, ses mensonges, ses faiblesses… Vous éviterez des drames inutiles ! Sachez que :

• Un positionnement de face, regard soutenu est plus parlant à l'enfant, que les cris.

• Un croisement de bras, pouces à l'extérieur, conforte votre autorité.

• Une attitude zen, de bien-être, dans un mécanisme d'appétence, calme la dispute.

## Attention à la communication « klaxon » !

.Fuyez le « tu….tu », accusateur et dévalorisant pour l'enfant, comme l'explique Jacques Salomé, spécialiste de relations humaines. Il est tout aussi important de parler à l'Autre plutôt que sur l'Autre.

Evitez les : « Tu vas arrêter de… Tu vas aller au lit ! Tu me fatigues ! »

Pratiquez le « Je » : Je te demande d'aller au lit.

C'est une communication claire, non directive et sans ambiguïté.

# Accordez-lui du temps libre

Des moments de liberté, le meilleur anti-stress pour l'enfant ! Il se nourrit de rêverie, d'imaginaire, pour mieux libérer son inquiétude et son inconditionnel désir de plaire aux adultes. C'est son refuge, sa façon de revisiter le monde !

## Laissez-nous rêver, flâner…

Le temps libre, non vérifiable, non quantifiable serait-il inutile ? Beaucoup de parents pensent que, lorsque l'enfant joue librement, il régresse. C'est faux. Le temps libre n'est pas du temps vide. Qu'il s'amuse seul ou à plusieurs, le jeu est un remède anti- stress pour lui. Il lui permet de :

• Se déprogrammer régulièrement, afin de compenser un emploi du temps surchargé. Ce temps de pause, de liberté, lui est absolument nécessaire, au quotidien.

• Se construire. Ces moments d'inactivité, non imposés et non planifiés par l'adulte, favorisent la découverte de Soi. Il peut expérimenter ses forces, ses qualités, ses difficultés ses limites. Ils renforcent l'estime de Soi.

D.W.Winnicott, célèbre pédopsychiatre formule que : « …A travers le jeu, l'enfant construit son « je ». Jouer est une expression créatrice, une forme fondamentale de la vie bien plus qu'un exercice, qu'une forme de délassement… ». L'enfant observe, réfléchit. S'il est inactif physiquement, il est actif psychiquement.

## Jeu ou jouet ?

Le jouet n'est pas utilisé systématiquement dans le jeu. L'enfant peut s'en servir comme support, mais il n'a plus la fonction, à but éducatif initiale. Il devient l'objet transitionnel, donnant accès à l'imaginaire.

Le jouet est un produit de la société de consommation. L'enfant l'a très bien compris. Sylvie Boursier, auteur du livre « Le petit collectionneur » dit : « ...un jouet se trouve délaissé, dès qu'un autre sort sur le marché... »

C'est peu dire qu'il est éphémère...

## L'accès à l'imaginaire, au symbolique

Béatrice Cooper, psychologue clinicienne, affirme qu'en fonction de l'âge, certains enfants sont contemplatifs, d'autres plus créatifs.

Mais Il est certain que, même après trois ans, ils aiment s'isoler, allongés sous la table, ou derrière le canapé. C'est le moment où ils peuvent rester ainsi, en monologue ou dialoguant avec des personnages fictifs ou réels. A travers des jeux de rôle, ils mettent en scène des situations éprouvantes ou dérangeantes, vécues dans leur quotidien. Ils expriment et résolvent ainsi leurs conflits, conscients ou inconscients. Ils apaisent leurs tensions. Tout comme les héros des aventures mythiques ou des contes, l'enfant a ses propres clefs et codes, lui permettant l'accès à un monde symbolique et réparateur.

A travers les épreuves, les affrontements et les victoires, vécus par des héros, auxquels il peut s'identifier, il dénoue ses tensions.

Ces moments très bénéfiques pour l'enfant, étonnent souvent les parents, surpris de le voir si sage, s'amusant d'un rien ! Permettez-lui de s'évader, même s'il fait le ramasse-poussière, dans des endroits impossibles !

## Cerveau gauche ou droit ?

La pensée convergente fait appel à la logique, la planification, la rationalité. Elle englobe la passivité, le conformisme, l'imitation, l'uniformité. Elle est limitative. Elle amène à une réponse, correspondant à l'attente de l'adulte. Elle ne donne pas droit à l'erreur. Elle impose du stress. La pensée divergente donne libre cours à l'autonomie. Elle n'apporte pas une réponse unique, mais permet à l'enfant d'expérimenter, d'avoir une recherche imaginative. Elle favorise l'autocorrection évolutive. Elle permet de se tromper. Elle réduit le stress. Elle est la base de la créativité.

# Encouragez le, donnez-lui confiance

Trois règles d'or, anti-stress, pour vos enfants : n'oubliez pas ce qui a été promis, n'idéalisez pas son petit frère, et redoublez d'imagination.

Les parents sont les personnes que les enfants imitent en premier. Que ce soit dans le langage, le comportement, les attitudes. Ils se calquent à leur image. Ils sont leur attache, leur modèle, leur référence.

## Tenez vos promesses !

Dès son plus jeune âge, notamment lorsqu'il découvre l'environnement, l'enfant a la certitude qu'il peut compter sur ses parents. Ils sont là pour l'aider ou le protéger, en cas de danger.

Cette confiance s'installe et la confiance en l'Autre se transforme en confiance en Soi. On comprend pourquoi la déception de l'enfant est très grande, quand les parents ne tiennent pas leur promesse. Il se sent trahi. Il réagit mal. Il s'énerve, stresse. A savoir que l'enfant s'accroche à la seule promesse qui n'a pas été réalisée !

## Promesse non tenue : que lui dire ?

• Expliquez lui, sans vous justifier, les raisons qui vous ont empêché de tenir parole.

• Dites-lui qu'il n' est pas en cause, mais que, des circonstances extérieures, n'en ont pas permis la réalisation.

• Ne vous excusez pas, mais confiez lui que vous êtes aussi peiné que lui.

• Convenez ensemble, si c'est possible, d'un report ou de la concrétisation d'un autre souhait.

## Ne le comparez pas aux autres !

Surtout avec ses frères et sœurs ! C'est dévastateur pour l'estime de Soi. L'enfant pense qu'il est moins aimé que les autres. Il essaye alors d'attirer continuellement l'attention sur lui, plus souvent par des bêtises, que des performances. Cette situation crée du stress !

Par contre, l'imitation avec ses camarades peut être encourageante : « Si ton copain arrive à faire du vélo, tu peux aussi y arriver… ». C'est une incitation, pas une comparaison. Ajoutez des sentiments aux encouragements. Les enfants y sont très sensibles : « Je sais que tu es capable de le faire, et je serai fier(e) de toi, si tu y arrives »

## Une ressource pour acquérir de la confiance : « la partie qui sait tout »

Milton Erickson, psychiatre américain, fondateur d'une technique d'hypnose « éveillée », s'est beaucoup intéressé à l'inconscient. Selon lui, « ... il est un grand magasin de solutions et de ressources. C'est notre partie qui sait tout... ».

En référence à ce spécialiste, Lise Bartoli, psychologue, propose à l'enfant stressé une solution : choisir un animal, un personnage, un petit objet, ou un « jumeau » qui représente la « partie qui sait tout ». L'enfant s'adresse à lui et demande conseil et solution.

Le parent interroge l'enfant : « que t'a-t-il conseillé ? » Une alternative émerge toujours de ses entretiens secrets. L'enfant rassuré, confie alors la solution miracle !

### Soyez fidèle à vous-même

L'enfant est intuitif. Il sait, ressent ce qui est bien ou pas bien. Il sait, si vous êtes « vrai » ou « pas vrai », dans la justesse de vos paroles, de vos actes. Il sent si vous êtes en adéquation, avec ce que vous lui transmettez. Un grain de sable dans le rouage et il est déstabilisé, voir stressé. Donnez-lui l'image d'une personne fiable et confiante !

# Passez du temps avec lui

Vivez avec votre enfant, dans la joie, et la bonne humeur. Profitez de sa présence. Anti-stress par excellence, ces moments privilégiés consolident les liens familiaux. Ils apportent du bien-être à chacun, même dans les plus simples occupations du quotidien.

L'enfant a besoin d'attention. Il l'assimile à des marques d'amour. La présence des parents conforte les plus petits, enrichit les plus grands.

Selon un sondage de participACTION, organisme canadien d'action sportive, 65% d'entre eux culpabilisent de n'être pas suffisamment auprès d'eux.

## Un peu de temps à chacun...

Que ce soit par la présence, le jeu ou le loisir, l'enfant est très demandeur de temps, passé avec ses parents. La qualité précède la quantité, mais la régularité est nécessaire. La procrastination est à éviter ! Certains loisirs s'adaptent bien à un passe-temps ou à une sortie familiale.

Mais il est tout important, de partager avec chaque enfant, une activité qu'il a choisie. Chacun de vous profite de ce moment privilégié, qui crée une complicité. L'enfant raconte sa journée, ses petits soucis, dans un cadre informel et plus intime. Chaque parent découvre son enfant, sa personnalité.

## Réussir les moments de détente

- Improvisez les parties de fous-rires.
- Planifiez à l'avance les loisirs ou activités, afin qu'ils soient de qualité et réguliers.
- Eliminez tout facteur qui pourrait entraver ces moments de plaisir (interruption par de longues conversations téléphoniques), présence de personnes ou d'éléments trouble-fête.
- Mettez entre parenthèses vos préoccupations quotidiennes. Soyez présent, ici et maintenant.
- Jouez la simplicité. Lâchez les masques et renouer avec votre « enfant intérieur ».

- Choisissez une activité que vous aimez, pour mieux la partager. Evitez les parties de Monopoly, si vous les détestez.

- Partagez, riez avec votre « ado ». Le temps des reproches n'est pas d'actualité. Suivez ses envies.

- Mettez avant tout l'accent sur le plaisir, et l'apprentissage au second plan.

- Donnez à chaque enfant l'attention dont il a besoin et qu'il mérite.

- Evitez de « déraper », de gronder et surtout de vous énerver, pendant ces moments de détente.

## Soyez complice et enthousiaste

Transformer la routine en moments de plaisir. Pour garder une relation épanouie avec votre enfant, égayez le quotidien. Communiquez votre joie de vivre ! Amusez-vous ensemble. Préservez au moins, une fois par jour, le partage familial des repas.

Veillez à sa convivialité, en évitant d'aborder les sujets qui fâchent. Etablissez une règle d'or : les problèmes ne se règlent pas à TABLE. Ils perturbent la digestion ! Faites participer vos enfants aux diverses tâches journalières de la maison. Les plus petits en tireront une certaine fierté. L'essentiel est d'adapter l'âge, l'aide, à l'activité. Le mot clé est « déstresser » !

### Quelques idées de partage :

- La préparation du repas. Echange sensoriel de couleurs, d'odeurs. Laissez le ajouter sa petite note personnelle, même si elle n'est pas parfaite et adéquate.

- La promenade du chien. Elle apporte en plus, la détente, par des échanges de balles sur un terrain vague...

- Le jardinage ou l'arrosage du jardin. Il découvre et observe en même temps le monde végétal, minéral, animal. Il vous cueillera sans doute, avec amour, une petite fleur !

# Offrez-lui l'image de parents solides

Disputes entre les parents, désaccords et changements perpétuels à propos de son éducation, déstabilisent l'enfant anxieux. Il stresse ! Fixez et maintenez des règles, qui lui apportent un sentiment de sécurité, même s'il les désapprouve.

## Papa dit oui, maman dit non !

Comme le souligne Alain Braconnier, psychiatre, « … il est difficile pour l'enfant très sensible, d'entendre les discussions et divergences de points de vue, entre ses parents. Surtout lorsqu' elles le concernent et qu'il y est mêlé… »

Petit, lorsque son père ou sa mère est en désaccord sur un sujet, il se met à distance. Il n'aime pas prendre parti pour l'un ou l'autre. Il appréhende une dispute. Il a peur. Il a mal dans tout son corps.

En grandissant, il comprend mieux la situation conflictuelle et essaye d'en tirer bénéfice. Pour ses demandes, il s'adresse alors plus facilement, au parent qui va dans son sens !

Mais la répétition des situations conflictuelles, gérées dans l'incohérence entre les parents, angoissent l'enfant, car il culpabilise. Il pense que tout arrive à cause de lui, parce qu'il a mal agi. Les désaccords doivent avant tout, être formulés sans violence, dans le respect des avis divergents.

## Des règles et des consignes

Des préceptes clairs, concrets, constants, évolutifs suivant l'âge, voilà les bases d'un système éducatif, rassurant l'enfant. Même s'il teste, essaye en permanence de repousser les limites imposées, ne cédez pas. Votre refus le rassure, le sécurise. Sachez que l'enfant qui désobéit fréquemment, connaît les failles, dans l'expression de l'autorité de ses parents !

### Un mot magique : oui ...MAIS

En cas de désaccord avec votre conjoint(e), et en présence de votre enfant, ne vous énervez pas, ne criez pas. Asseyez-vous, soufflez, contrôlez votre désordre gestuel. Harmonisez votre voix et dites-lui, calmement : « J'entends et je comprends ton point de vue, MAIS… Je ne suis pas d'accord avec toi… »

Sachez que toute personne souhaite être entendue et reconnue dans ses propos. Confortez-la dans ce sens, avant même d'expliciter des arguments contradictoires.

## Aidez votre enfant à comprendre et à respecter les règles:

• Mettez-vous physiquement à son niveau. Restez immobile et parler avec empathie, en soutenant son regard.

• Soyez clair et simple dans votre explication, adaptée à son âge.

• Assurez-vous qu'il comprend le sens, lorsque les interdits sont posés. Répétez pour le plus petit. Invitez-le à reformuler ceux-ci.

• Donnez des exemples concrets dans votre vie d'adulte. Il acceptera mieux.

• Récompensez-le en cas de bonne conduite.

### Evitez de déstabiliser votre enfant

Contrôlez :

• Vos modifications soudaines et sans raison apparente, d'expression (attitude, gestes, voix, etc.)

• Votre humeur instable (le moindre de vos changements prend une signification pour l'enfant), et votre irritabilité.

• Votre manque de patience (Ne le rembarrez pas).

• L'effet pirouette face à la demande : interdiction un jour, autorisation le lendemain.

• L'attente trop longue entre le besoin de l'enfant et sa réalisation-ce qui engendre frustration et renoncement.

# Apprenez-lui à gérer ses émotions

Apprendre à l'enfant à « dire » ses émotions .Qu'elles soient agréables ou désagréables. Lui apprendre à les reconnaître. Exprimer son ressenti, afin d'éviter les débordements et le stress. Apprendre à l'adolescent à être à sa propre « écoute ».

Peurs, non-dits, l'enfant se perd dans ses affects. Le surprotéger, lui apprendre à se dépasser, n'est pas la solution miracle. Le détourner de son émotion ne sert à rien. Que lui proposer ?

## Verbalisez l'émotion, avec l'enfant

Pouvoir accueillir, comprendre, dire, ce qui se passe en lui, est difficile pour lui.

Il pleure, sanglote, s'énerve. Laissez-le s'exprimer. Il libère ses tensions. Puis, ensemble, nommez son ressenti. S'il est en colère, dites-lui, par exemple : « tu es en colère parce que je t'ai dit non… tu as le droit, mais… » Écoutez-le, avant de le consoler, si nécessaire.

## Mettre en scène les émotions

**À confectionner soi-même : la poupée Waldorf**

Sans expression apparente sur son visage, elle permet à l'enfant de lui communiquer l'émotion qu'il souhaite, de verbaliser, et de partager avec elle, des moments de joie ou de désespoir.

**À créer avec votre enfant : le tableau des bonshommes - émotions**

Sur une feuille de papier, il dessine des visages d'enfants avec différentes expressions. Il utilise des couleurs, appropriées au ressenti .Du rouge pour la colère, de l'orange pour la joie, du bleu pour la détente, s'il est stressé, etc… Il peut également coller sur le tableau des photos d'enfants exprimant diverses émotions, pour apprendre à les reconnaitre. Il les identifie, les nomme.

**Jouer l'émotion en la nommant, en la personnalisant**

Rugir comme un lion, sauter comme une grenouille, marcher comme une tortue triste. En s'identifiant à l'animal et en l'imitant, l'enfant s'amuse, et exprime différemment son ressenti.

En réponse à l'anxiété des enfants et à partir de 3 ans, Isabelle Filliozat, psychologue clinicienne, propose la technique du « Petit moi et du Grand moi ». L'enfant identifie la petite partie qui a peur et la grande partie, pleine de ressources. Il dessine un « petit moi » et un « grand moi », de couleur différente.

## Et les adolescents ?

Ils passent du rire aux larmes, font la tête, sont toujours en opposition. Ils s'isolent lors de leurs nombreux « coups de cafard ».Impossible de leur parler ! Bref, leurs affects semblent ingérables pour les parents !

Quelques solutions existent pour les aider à y « voir plus clair », et à les accompagner, dans leurs tourments et états émotionnels excessifs, qui les stressent et vous stressent !

A savoir :

• Être capable de gérer, en tant que parents, vos propres émotions.

• Être égal(e) à vous-même, rester calme en toute circonstance.

• Dédramatiser la situation et l'importance qu'il y accorde. N'oubliez pas que vous êtes son « phare dans la tempête », même s'il le réfute !

• Invitez le à être à l'écoute de son corps avec lequel il est en décalage, ou en souffrance. Posez lui la simple question : « Qu'est-ce qu'il te dit ton corps, ici et maintenant ? As-tu faim, as-tu soif, es-tu fatigué ? Se relier à ses besoins fondamentaux l'aidera à prendre soin de lui.

• Soyez aimant(e) et dialoguez !

## Un trop plein d'émotion ?

Apprenez à votre enfant à :

• Respirer pour le calmer et lui apporter de l'oxygène quand il s'énerve.

• Boire un verre d'eau pour l'hydrater.

• Repérer dans quel endroit de son corps l'émotion lui fait mal.

• Montrer qu'il peut y poser ses mains et qu'il se sent mieux.

***Et partagez un câlin !***

# Un tiers, un spécialiste, comme relais ?

Le recours à l'entourage proche et à un thérapeute s'imposent quand la situation devient ingérable. Qui, quand, et où consulter ?

## Un confident bienveillant et de justes conseils

La communication est parfois difficile, voire interrompue entre parents et adolescents. Les proches, les grands-parents notamment, peuvent être un relais très précieux. Les petits enfants, devenus grands, se confient volontiers à eux. Dans l'écoute, plus que dans le jugement, les grands-parents ont une attitude empathique .Cette relation permet de maintenir un lien familial .La situation se rétablit rapidement, en cas de conflit passager.

De leur côté, les parents peuvent aussi se rapprocher de leur entourage, demander conseil à des amis, ayant connu des situations similaires. Un tiers extérieur à la famille a le recul nécessaire, car il n'est pas débordé par l'affectif.

## Quand consulter ?

• En cas de stress post-traumatique.

• Dès que le comportement de l'enfant stressé ou de l'adolescent est dans l'excès, que les troubles somatiques s'accentuent, que l'angoisse est trop forte.

• En cas de stress chronique engendrant des troubles comportementaux.

• Dès que les conséquences deviennent ingérables pour les parents et les autres membres de la famille (trop de tensions, souffrance insoutenable, fatigue, stress).

## Qui consulter ?

• Le médecin généraliste notamment si l'enfant somatise. Il dirige l'enfant vers un spécialiste. Il n'est pas le passage obligatoire, mais conseillé.

## Quel spécialiste ?

• Le pédopsychiatre. Il est autorisé à prescrire des médicaments, des bilans complémentaires (psychomotricité, orthophonie, etc...). Les séances sont remboursées par la sécurité sociale.

• Le psychologue clinicien. Il utilise la parole, le dessin, et souvent des thérapies brèves psycho-comportementales et cognitives. Les séances ne sont pas remboursées par la sécurité sociale.

• Le psychanalyste. Il entreprend une thérapie plus longue et plus analytique. Elle est moins adaptée aux enfants et aux adolescents. Les séances ne sont pas remboursées par la sécurité sociale, s'il n'est pas psychiatre.

• Le psychothérapeute (titre réservé aux professionnels inscrits au registre national des psychothérapeutes).Les séances ne sont pas remboursées si le praticien n'est pas médecin, psychiatre.

## Où ?

• Dans les structures publiques, tels les centres médico-psychologiques. Des professionnels y assurent des consultations gratuites.

• Les cabinets privés. Des spécialistes y proposent diverses thérapies individuelles ou en groupe.

## Qui avertir ?

En cas de violence en milieu scolaire, mettre au courant le chef d'établissement des agissements, à l'encontre de votre enfant. Celui-ci fait une enquête. Votre insistance peut s'avérer nécessaire. Il peut vouloir rester dans le silence, inquiet, quant à la réputation de son établissement, si les faits sont révélés publiquement.

### Une thérapie brève et efficace:

La thérapie comportementale et cognitive. Elle a pour but de remplacer les idées négatives et les comportements inadaptés par des pensées et des réactions, en adéquation avec la réalité.

Elle est très efficace dans les troubles anxieux généralisés, notamment les TOC (troubles obsessionnels compulsifs), incluant les rites et vérifications obsessionnelles, les évitements et inhibitions, les phobies.

La guidance parentale peut être utilisée en complémentarité. Elle permet aux parents de mieux comprendre le comportement « déroutant », de leur enfant ou adolescent. Elle propose des solutions pour y remédier.

## Et le stress aigu post-traumatique ?

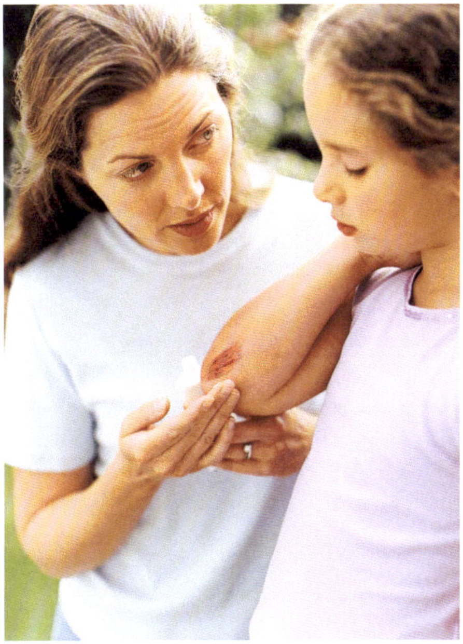

En cas de stress aigu post-traumatique, une thérapie s'impose. La violence à l'école, l'humiliation, le racket, l'agression, le viol, l'inceste en entourage proche, en font partie.

La prise en charge des victimes se fait en deux étapes :

• La déculpabilisation de l'enfant, qui se sent responsable de tout. Ne pas minimiser les faits.

• L'apprentissage de la résilience pour apprendre à l'enfant à se réapproprier son âme, son corps et utiliser toutes ses ressources pour reprendre confiance.

### Et la loi du silence ?

Très souvent les enfants ne parlent pas. Ils craignent de ne pas être crédibles. Ils ont peur des conséquences de leurs aveux impliquant leur environnement scolaire, social, familial.

## Des relais

Les associations sont un très bon relais pour les parents. Quel que soit la cause du stress de leur enfant, elles sont un lieu de partage, d'échange et de soutien.

Partie V

# APPRENEZ-LUI À SE DÉTENDRE

# La relaxation créative

Plus qu'une technique, la pratique de cette relaxation est un art de vivre, apportant du bien-être à l'enfant, à l'adolescent. Où, quand, comment la pratiquer ? Des réponses aux parents qui ne la connaissent pas.

## Habiter son corps, avec bonheur

La relaxation créative convient à l'enfant. Elle lui permet de s'épanouir dans sa dimension globale. Elle l'aide à avancer, avec confiance et sérénité. Elle lui permet de libérer ses tensions. Elle utilise le jeu, l'imagination : «… Tu te glisses dans l'arc-en-ciel et tu joues avec les couleurs, propose Geneviève Manent, relaxologue. « …Tu respires les couleurs… », ajoute-t-elle.

### La relaxation créative

Elle propose à l'enfant un espace de découverte, d'imaginaire et de rencontre avec lui-même, avec :

- Des exercices de perception sensorielle, ouvrant les portes du corps.
- Des postures favorisant la détente et l'intériorisation.
- La respiration transformant la qualité de l'énergie.
- La conscientisation du mouvement.

## À quel âge ?

À partir de 5 ans (âge de la dernière année de maternelle).

## Avec qui ?

Des professionnels de l'enfance, formés à la relaxologie, mettent en place des ateliers périscolaires, dans les écoles.

## Où pratiquer la relaxation créative ?

• En milieu associatif ou en cabinet privé. Des praticiens-relaxologues proposent des séances de groupes ou individuelles de relaxation.

• À la maison. Pratiquez avec votre enfant des exercices très simples, sous forme de jeu :

**Des exercices simples :**

- Hausser, baisser les épaules comme un pantin, pour libérer les tensions.
- Gonfler le ventre comme un ballon, puis le vider pour mieux respirer
- S'étirer comme un petit chat.

## Quand pratiquer la relaxation ?

• Après un évènement, nécessitant de canaliser l'émotion.

• Après une situation difficile, pour mieux gérer le stress.

• Après un effort pour se calmer et se recentrer.

• Avant un contrôle, un examen, pour les plus grands, afin de mieux gérer le stress.

• En cas de nervosité, anxiété, manque de confiance passagère.

• En complément thérapeutique, en cas de stress chronique et après un choc post-traumatique.

Ces moments privilégiés ne doivent pas être une contrainte, pour l'enfant ou l'adolescent.

## Séance de relaxation (Geneviève Manent)

L'arbre dans le vent : L'enfant est debout .Il affronte les dangers de la vie, son anxiété, ses peurs. Il s'identifie à un arbre, bien enraciné.

« ...Tu sens le contact de tes pieds avec le sol. Quand tu inspires, tu sens la sève qui monte. Quand tu souffles, elle circule partout dans ton corps, se diffuse.

Le vent arrive... Tu inspires. Tes branches se déploient, jusqu'au bout des doigts. Le soleil te chauffe. Tu respires sa chaleur et tu la laisses se diffuser en toi.

Le vent augmente... Tu joues à te balancer dans le vent, mais tu ne tombes pas. Tu es solide, enraciné.

Le vent se calme... Tu t'immobilises. Tu es calme, tranquille ...

## La relaxation Vittoz

Cette méthode, mise au point par un médecin suisse est bien adaptée aux enfants. Elle invite à la conscientisation des sensations pour apporter le calme, la détente.

« Avoir conscience d'un acte, ce n'est pas le penser, mais le sentir », affirme le docteur Vittoz. L'enfant affine la perception de ses cinq sens. Il fait « comme si ».

Il choisit chaque jour, un objet de couleur différente. Il l'observe avec beaucoup d'attention, se concentre. Il le dessine, le plus précisément possible, sur un tableau imaginaire dans sa tête. Il sent la fraîcheur de l'eau, couler sur sa peau. Il imagine, accueille le soleil. Il sent une odeur, accueille les images qui se présentent. Il laisse venir le goût d'un aliment, les souvenirs qui s'y rattachent. .Il écoute les bruits, des plus lointains aux plus proches.

# L'équilibre énergétique

La perturbation du flux énergétique joue un rôle important dans le stress. Des vibrations comme la musique, la couleur sont utilisées, en harmonisation, pour rétablir l'équilibre. Elles sont mises à profit, depuis bien longtemps, en Asie. D'autres jouent un rôle préventif, dans l'apparition du stress.

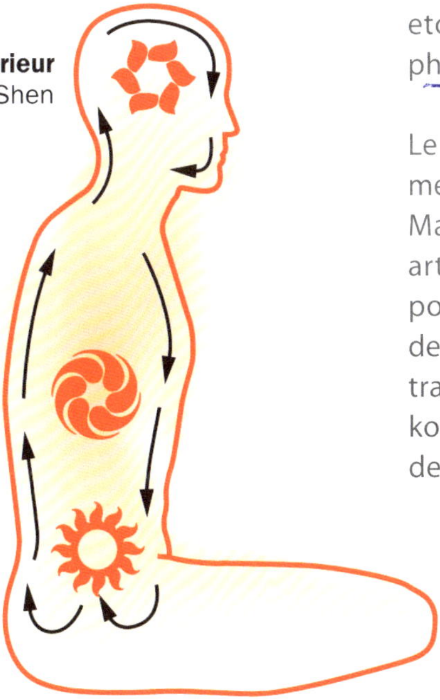


## La musicothérapie

Elle utilise les différentes vibrations de la musique pour détendre l'enfant stressé (bruit de la nature, de l'eau, etc…) Elle agit sur le plan mental, physique et émotionnel.

Le travail sur le son est particulièrement intéressant et bénéfique. Fabien Maman, acupuncteur, praticien en arts martiaux et musicien, a mis au point la thérapie sonique. Il utilise des sons purs, riches en harmoniques, travaillés sur des instruments tels le kototama, le tambour d'eau, la flûte de bambou, etc.

Il utilise des diapasons, dont les fréquences correspondent aux points d'acupuncture. Plusieurs séances sont alors nécessaires pour ré-harmoniser un enfant anxieux et stressé.

### La voix qui berce

Bébé est très sensible à la musique, notamment à la voix. Dans certains hôpitaux, en service néonatologie, une musicothérapeute intervient, pour calmer les bébés prématurés, tendus corporellement ou agités. A l'écoute de berceuses, ils se sentent sécurisés et l'atmosphère de la chambre se détend également. Elles encouragent les mamans à faire de même.

### Mandala et couleurs

Le mandala est un diagramme prédessiné. Il est prêt à être colorié. C'est un support de méditation ludique. L'enfant stressé colorie du centre vers la périphérie, pour se détendre. Il utilise les couleurs de son choix. Un professionnel peut intervenir pour faire un travail complémentaire d'analyse, sur les combinaisons de couleurs, utilisées par l'enfant.

## La chromatothérapie

Elle utilise l'énergie des couleurs. Vibration, chacune d'elles possède une longueur d'ondes, ayant des spécificités et une influence sur l'organisme.

La chromatothérapie a été développée en France, par le docteur Agrapart, neuropsychiatre, à Melun. Il utilise la lumière et les filtres colorés, adaptés à la problématique de l'enfant .La couleur bleue est utilisée pour apaiser. C'est une médecine énergétique d'avenir.

## La kinésiologie

Technique psychocorporelle, elle détecte les déséquilibres énergétiques, émotionnels ou physiques, pour lever des blocages. Elle considère l'être humain dans sa globalité. La base en est l'utilisation du test musculaire. Jusqu'à quatorze muscles peuvent être testés, à la recherche de perturbation du flux énergétique.

La présence de tensions peut donc être repérée. Le kinésiologue, appelé, facilitateur, fait alors des corrections, souvent par pressions. Il stimule, libère ainsi l'énergie de l'enfant stressé.

Paul Dennison propose la kinésiologie éducative, notamment pour les enfants. C'est une série de mouvements intégratifs simples et efficaces. Cette méthode permet de faire face à un déséquilibre, tant au plan physique, (problèmes de latéralité), qu'au plan mental et émotionnel (stress).

# Lire, dire, dessiner les contes

Lire ou dire les contes ? Apaiser l'enfant avec le récit d'aventures de personnages, auxquels il s'identifie. Mettre des couleurs, des formes, sur le ressenti.

## Pourquoi conter Andersen ou Perrault ?

« Les contes de fée sont le médicament de l'âme », comme le souligne, Dennis Boyes. Bruno Bettelheim nous le confirme dans son ouvrage « Psychanalyse des contes de fées ». Ils sont intemporels. Ils parlent aux enfants de leurs conflits inconscients. Ils parlent de notre structure psychique. Ils mettent en scène des histoires, en utilisant des symboles reflétant nos archétypes, nos peurs, nos croyances. Ils permettent à l'enfant de se construire. Il l'aide à résoudre les problèmes posés pendant l'enfance, notamment, les problèmes familiaux. Ils apportent des solutions, à travers le personnage du conte, auquel l'enfant s'identifie.

## Lire ou dire le conte ?

Tout dépend du contexte, mais le rituel reste toujours présent pour l'enfant: entendre les mêmes mots, inlassablement : « toc, toc, toc », pour frapper à la porte de la maison de grand-mère.

Lors de l'endormissement, d'une relaxation, la lecture est vivement conseillée. Elle joue le rôle de catalyseur. L'enfant écoute, s'en imprègne, souvent en silence et la magie opère.

Dire, raconter, en impliquant la participation de l'enfant est différent. Il adore jouer les contes, improviser sous forme théâtrale, se déguiser, s'identifier à son personnage favori. L'enfant anxieux choisit toujours une histoire qui fait peur, comme celle du « Loup et des trois petits cochons ». Il conscientise son anxiété et la vit jusqu'au bout, s'en débarrasse quand le loup tombe à l'eau, avec des pierres dans le ventre, se noie. Le mal est éliminé.

## Dessiner les contes

L'enfant adore dessiner, peindre, colorier, après la lecture d'un conte. Il exprime ainsi son ressenti. C'est un message qui parle, raconte et explique, ce qu'il ne peut formuler verbalement.

### Dépasser l'angoisse : le Petit Poucet

Il est le plus petit de la fratrie. Grâce à son agilité, il monte dans l'arbre, voit la lumière d'une maison dans la nuit- grâce à sa malice-il substitue les couronnes d'or des filles de l'ogre, contre les bonnets des 7 enfants du bucheron, leur évitant un triste destin-il sort victorieux d'une épreuve. Avec les bottes de l'ogre, il expérimente même une perception extra-sensorielle, sachant que la force est en lui. Il réussira à sortir de la forêt, à échapper à ce labyrinthe de l'inconscient. Il surmontera ainsi son angoisse et renforcera sa confiance.

### Le conte métaphorique

Il relève du conte thérapeutique. Sylvie Sarzeau en est l'investigatrice. Il s'agit d'accompagner l'enfant, dans une situation nouvelle, en donnant un autre éclairage à l'événement, en utilisant des métaphores. Dans le conte « La rose a disparu », elle parle avec poésie et sensorialité aux enfants de l'impermanence des choses, de la mort.

« ...L'amour nourrit la mémoire... », dit-elle. « ... L'enfant choqué, ayant eu à faire face à cette situation, sera moins traumatisé... »

Le trait, la forme des dessins ont leur importance, de même que l'utilisation de l'espace de la feuille de papier. Dans son livre « Comprenez votre enfant par ses dessins », Sylvie Chermet-Carroy s'attarde, par exemple sur l'analyse du dessin de l'arbre. Mieux comprendre son enfant, c'est essayer de le faire progresser, dans ses difficultés.

## Interprétation du dessin d'enfant

« … le tronc d'un arbre symbolise les ressources vitales, la façon de prendre sa place parmi les autres, le rapport avec le quotidien et le concret… », dit Sylvie Chermet-Carroy.

Les combinaisons de couleurs ont aussi leur importance :

- **Le noir et le marron** parlent des peurs de l'enfant exprimées, mais pas toujours dépassées. Les pointillés noirs évoquent une souffrance ou des interdits.

- **Le rouge** est la force d'extériorisation qui permet de faire face, par exemple, à une situation d'anxiété. L'enfant la désacralise.

- **Le bleu** est le retour au calme. C'est la couleur anti-stress, par excellence. La combinaison des couleurs prend ainsi toute son importance. L'enfant anxieux cache souvent ses peurs, avec la couleur noire ou marron.

# Rire, bouger, masser bébé

Etre chatouillé avec une petite plume, passer à quatre pattes entre vos jambes, sentir vos mains glisser sur son corps, Bébé adore. Il apprécie ces sensations. Elles lui font prendre conscience de tout son corps, et lui apporte du bien-être.

## Faites le rire aux éclats !

Un mal de dents, un état fiévreux, un visage inconnu dans son entourage, bébé est sous tension. Il est stressé. Que faire, pour le détendre ?

Jouez à rire, pour le surprendre, et lui faire oublier ses petits tracas ! Langage spontané et magique, le rire devient vite un excellent moyen de communication et d'expression. Bébé en redemande, puis s'apaise et s'endort, plus facilement !

## Bougez avec bébé !

• Accompagnez le, en musique, dans ses parcours d'exploration ;

• Rampez, grimpez, roulez ;

## Comment l'amuser et le détendre ?

• Favorisez les petites chatouilles dans le cou, ou en frottant le nez sur son ventre.

• Faites le clown, avec des mimiques et des bruitages.

• Imitez un lion, étirez-vous comme un chat, alternez une voix grave et aigue, clappez avec votre langue, froissez du papier. Il ne s'en lasse pas !

• Jouez à cache-cache, en disparaissant et en réapparaissant derrière une étoffe.

• Utilisez des jeux de balle qui roulent.

• Chantez, tapez des mains, au rythme de chansonnettes ;

• Jouez les marionnettes. Les mains qui tournent, il adore.

Qu'il soit souffrant, tristounet, anxieux, il s'égayera et retrouvera vitalité.

## Du bien-être : le massage

Le contact avec la peau est la première communication mère-enfant. C'est une relation affective, et fusionnelle instinctive. En Asie et en Afrique, le massage est un rituel. Il fait partie du quotidien, délasse les adultes, comme les enfants. «… Avec le massage, les parents vont pouvoir communiquer, créer un lien et une complicité, avec bébé… », explique Cécile Contet-Pham, kinésithérapeute.

À la tombée de la nuit, bébé est souvent tendu, anxieux. Il gesticule, pleure sans raison apparente. Il a besoin d'être rassuré, apaisé. Un massage le détend.

## Et le déroulement d'une séance de massage…

• Contrôlez la température de la pièce (26° c).

• Préférez un éclairage d'ambiance.

• Installez bébé, en toute sécurité, sur une serviette douce.

• Prévoyez une autre serviette, pour couvrir les parties du corps, non massées.

• Veillez à avoir les mains propres. Retirez vos bijoux.

• Frottez vos mains, l'une contre l'autre, pour les chauffer. Versez une petite quantité d'huile d'amande douce bio, de très bonne qualité, sans addition d'huile essentielle, dans le creux de celles-ci. Commencez le massage, avec des pressions douces, mais fermes. Gardez toujours une main en contact avec son corps.

• Parlez- doucement à bébé, pendant le massage.

• Massez les pieds, les jambes pour décontracter son plexus.

• Continuez avec les bras, les mains, le ventre, le, le dos, le visage.

Et ayez confiance en vous, même si vous n'êtes pas expert(e).

## Quelques conseils...

• Le matin, lors des soins, après le bain. C'est le moment idéal pour l'éveiller et le dynamiser, pour lui donner du tonus.

• Le soir, pour l'aider à l'endormissement.

• Ne massez pas bébé, juste après un biberon ou un repas. S'il est également fatigué ou fiévreux.

• Reportez le massage, si vous ne vous sentez pas en forme.

# Les bienfaits de l'eau

Le jeu, l'amusement guide toutes les activités de l'enfant. L'eau est un élément de découverte : elle coule, mousse, s'évapore. Elle apaise les petits, défoule les plus grands.

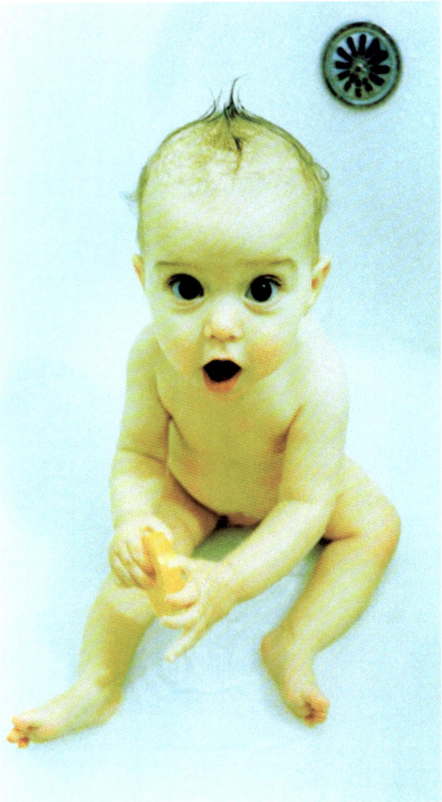

L'eau est fluide, en mouvement. Elle glisse entre les mains, libère, apaise le corps et l'esprit. Elle accueille même maman et bébé, lors de certains accouchements. Elle est bénéfique pour la santé. Tour à tour ludique, amie de tous les sens, elle apporte plaisir et détente à l'enfant.

## Jeux d'eau

Vivre l'eau au quotidien : un apaisement pour l'enfant

• **Le bain**
Pour commencer la journée dans le bien-être, avec bébé, ou apaiser votre enfant, le soir, après une cadence soutenue pendant la journée, le bain est bienvenu.

En toute sécurité, et à vos côtés pour les plus petits, vos chérubins s'amusent, pressent l'éponge dans la mousse parfumée, inoffensive pour les yeux. Ils transvasent l'eau dans des verres plastiques colorés. Ils s'inventent des histoires avec leurs jouets préférés, inondent la salle de bains !

Bref, c'est la découverte ludique et sensorielle de cet élément, qui glisse sur leur peau. Attention à la température. Ni trop chaude, ni trop froide. La détente est assurée.

• **La piscine d'été** : un espace de liberté. De toute taille, en plastique rigide ou gonflable, elle s'installe dans

le jardin. Elle s'utilise quand le temps le permet. Elle se prête bien au va-et-vient des enfants .Ils s'y ébattent, se prélassent au soleil, sous l'œil vigilant des parents. Une pléthore de jeux de piscine gonflables adaptés aux différents âges, leur permet de se défouler et de s'apaiser !

• **La piscine publique ou privée**
Elle propose le jeu avec la pataugeoire pour bébé. Les plus petits raffolent des jets d'eau .Ils posent les pieds dessus. Ça chatouille ! Elle réserve les divers bassins, à la pratique de la natation, excellent sport, pour éliminer les tensions des aînés !

## Agiter les mains dans l'eau…

Pendant les beaux jours, pour rafraîchir et calmer le plus petit, très agité, installez- le, au-dessus d'un lavabo ou d'une bassine, remplie à moitié, d'eau. Il agite ses mains, joue dans l'eau colorée. Il fait des bulles, souffle fort, les regarde s'envoler .Il s'apaise.

De nombreuses pastilles, 100 % naturelles, existent sur le marché. Emerveillement et détente sont assurés ! L'enfant retrouve son calme.

## L'eau : le plaisir des sens pour les plus petits

Votre enfant est anxieux. Il est silencieux, renfermé, grognon ou irritable. Les pouvoirs sensoriels de l'eau sont fabuleux et magiques. Utilisez-les sous toutes les formes. Invitez le à :

• Regarder le mouvement de l'eau (eau douce, eau de mer) ;

• Ecouter la pluie (ouvrir la fenêtre, si la température le permet) et raconter le voyage d'une goutte de pluie ;

• Faire de la buée sur les vitres ;
• Sortir sous la pluie, toucher la pluie. Est-elle froide, chaude ?

• Regardez en même temps, la couleur du ciel, la forme des nuages, les escargots.

• Sauter par-dessus les flaques d'eau.

• Toucher la neige floconneuse.

## Des lieux de détente en famille

**La baignade en mer**
Les bienfaits de l'eau de mer ne sont plus à prouver. Fortement concentrée en oligo-éléments, elle donne de l'énergie, en rechargeant nos batteries, en ions négatifs.

Apaisante, elle est un anti-stress par excellence. Sous surveillance constante, les enfants peuvent flotter, plonger, disparaître sous l'eau ! Sans oublier les interminables parties de fous-rires, en se roulant dans les vagues !

A la plage, les jeux de sable et d'eau les ravissent. Les sports nautiques et aquatiques conviennent aux plus grands.

**La cure de thalassothérapie**
C'est la cure en douceur, de bien-être. Pour les jeunes mamans, en compagnie de bébé, de 3 à 8 mois. Elle lui permet d'apprivoiser l'eau, en toute sécurité, dans ses bras et de se délasser. De nombreux centres les proposent, dans toute la France.

### Un concept : « Easy stress »

S'inspirant de l'eutonie, mouvement crée par Gerda Alexander, dans les années 1990, il a été adapté au milieu aquatique. Le bébé « baigneur » plus que le bébé « nageur » s'épanouit dans une piscine, à une température de 32 degrés, pendant trente minutes, en contact corporel avec ses parents. Outre l'éveil de ses cinq sens dans l'eau, cette pratique procure bien-être et confiance à bébé.

# Manger de tout, dormir tôt, se dépenser

Qualité et variété des aliments, bon dosage du sommeil, exercice physique, assurent les bases du bien-être de l'enfant.

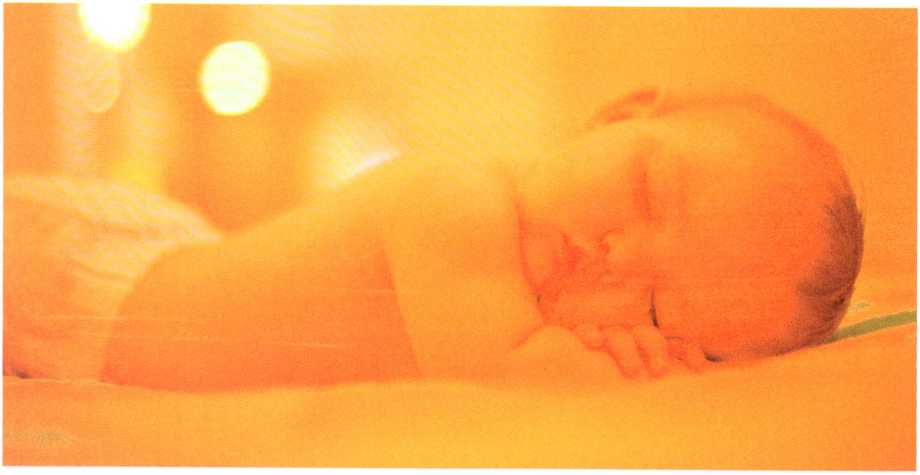

## Des nuits plus longues…

Les enseignants pointent du doigt le manque de sommeil des enfants, à la maternelle, comme au lycée. Ils se couchent trop tard ! Baisse de tonus, manque de concentration, en milieu scolaire, en sont les conséquences.

Le sommeil nocturne régénère. Il permet à l'organisme de récupérer de l'agitation journalière. Il est favorisé par une bonne literie et l'absence de bruit. Les parents doivent rester vigilants, à la régularité de l'heure du coucher. Un enfant de deux ans dort en moyenne douze à seize heures par jour, y compris la sieste. Elle a son importance, est indispensable pour lui.

En effet, petits et grands ressentent, en tout début d'après-midi, une chute dans le niveau d'activité. C'est un besoin physiologique de repos et de détente. Après le repas, l'enfant fatigué est grognon, irritable. La sieste lui permet s de calmer son agitation. A son réveil, il est apaisé et rempli d'énergie… Certaines plantes, infusées en tisane (verveine, tilleul) préparent à un bon sommeil. Agrémentée d'une cuillère de miel, elle tranquillise l'enfant.

## Le rituel de l'endormissement

Il est nécessaire à l'enfant. Il le sécurise. Il favorise une meilleure détente et une préparation à un bon sommeil. Il est diffèrent pour chacun d'entre eux. L'un réclame une veilleuse allumée, la porte entr'ouverte, un verre d'eau. L'autre demande une dernière histoire, un dernier bisou .Bref, tous les prétextes sont invoqués, pour vous retenir à ses côtés...et ne pas rester seul ! Mais ce moment de complicité parent-enfant est important. C'est une réassurance affective, permettant d'effacer les tensions de la journée.

## Une alimentation équilibrée et variée

Elle correspond aux besoins de croissance, d'activité et de fonctionnement de l'organisme de l'enfant. Les nutritionnistes soulignent l'importance d'un bon petit-déjeuner souvent négligé. Il prépare l'enfant à une journée, bien chargée.

**Quelques conseils...**

• Limitez les aliments à index glycémique élevé (sucreries, gâteaux et glaces industriels), sodas et les aliments gras dont les frites... Favorisez la fabrication maison.

• Introduisez de façon ludique les légumes, en jouant avec les couleurs, la décoration, les saveurs.

• Respectez des horaires de repas réguliers, et adaptés au rythme de l'enfant.

• Habituez votre enfant à bien mâcher les aliments.

### Le cacao, un anti-stress

Antioxydant et riche en magnésium, il est un anti-stress et un antifatigue majeur. La poudre de cacao et de chocolat est élaborée à partir d'un extrait des graines du fruit du cacaoyer. Les enfants l'adorent. Accompagné de pain, le chocolat noir est un excellent goûter. Il est aussi conseillé pour les adolescents pendant les périodes de stress (examens, concours, etc...)

## Bouger avant tout !

Se dépenser physiquement permet au corps de fabriquer des endorphines. Ces molécules naturelles du bien-être, sont le meilleur médicament anti-stress.

**Quelles activités extérieures ?**
Les plus petits adorent le vélo, la trottinette puis le skateboard et les rollers, en grandissant. Les espaces verts, les nombreux aménagements urbains, s'y prêtent bien.

**Quelle discipline sportive ?**
L'important est de ne pas imposer votre choix à l'enfant.

- Les infatigables se défoulent avec les jeux de ballon (football, handball, etc…)
- Les angoissés, les timides, les rebelles, décompressent et s'affirment avec les arts martiaux (judo, karaté, taekwondo).
- Les indépendants préfèrent le sport individuel (escrime, natation, athlétisme).Les « battants »qui aiment la compétition, entrent dans cette catégorie.

### Le Taekwondo : L'antistress « chouchouté »

Les enfants en redemandent. Comme tout art martial, il modère les comportements agressifs .Il améliore les capacités d'autocontrôle de l'enfant. Il favorise également l'écoute et le respect des règles.

# Enfin, des cours de bonheur à l'école !

Les pays anglo-saxons s'en réfèrent à un programme « bien-être ».Les pays finlandais proposent un lieu de vie et un enseignement anti- stress. Quelques précurseurs émergent en France, dans certaines disciplines !

## Au programme : matière « Bonheur »

C'est le PRP (Penn Resilience Program) : Enthousiasme et excellence des résultats. En 2006, le Wellington College, lance, en Grande Bretagne son programme de cours « Well-being »(les clefs du bonheur), accompagné par un universitaire de Cambridge.

*L'objectif est d'augmenter les facultés d'adaptation émotionnelle des élèves. Jeux de rôle, exercices de respiration, défient les pensées négatives.*

## « Les clefs du Bonheur »

Cette méthode a été mise en place par le Docteur Seligman, professeur de psychologie, à l'université de Philadelphie, Pennsylvanie. Elle s'appuie sur, invite à :

- Dire non à la violence dans le milieu scolaire
- Avoir des objectifs personnalisés
- Être soi-même en toute circonstance
- Favoriser les relations interpersonnelles
- Accepter les changements à tout âge
- Favoriser les stratégies adaptatives (coping)

## Un cours de « Well-being » au Wellington Collège (Grande Bretagne)

La durée est de quarante minutes tous les quinze jours, pendant deux ans, pour les élèves de 14 et 15 ans. A l'ordre du jour : les compétences pour l'épanouissement. Le travail s'appuie sur :

• Apprendre à canaliser positivement l'énergie émotionnelle.

• Travailler en harmonie avec l'inconscient.

• Favoriser les relations humaines.

• Communiquer avec la nature.

• Relier le passé, le présent l'avenir, et la vie imaginaire.

En Allemagne, le lycée Willy Hellpach d'Heidelberg, inscrit également ces cours au programme. L'option (matière: bonheur) a été proposée en option au baccalauréat, en 2007. Elle a été estimée « favorable » par un expert de l'OCDE.

## Un modèle : l'école finlandaise

Les enseignants font confiance, les élèves respectent. Le stress n'existe pas, tout comme les devoirs. Le but est de comprendre, pas d'apprendre. Chacun travaille à son rythme, en ateliers, par petit groupe.

L'accent est mis sur la valorisation. Des cours de renforcement, sont mis

**Le collège dans la rue !**

En Finlande, aucune grille, à l'entrée du collège. La discipline est inexistante et inutile C'est un lieu ouvert sur la ville.

À l'intérieur, pas de sonnerie. Les élèves arrivent à l'heure au cours. Les professeurs ne crient pas et sont respectés.

Des lieux de détente aménagés ici et là, permettent aux collégiens d'optimiser la pause. La violence n'est donc pas d'actualité.

en place et chaque élève en difficulté est pris en charge. L'échec scolaire n'existe pas, tout comme le redoublement. C'est une école de la réussite, sans compétition permanente. Le niveau scolaire est excellent, le meilleur en Europe.

## Des enseignants français révisent leur copie !

**Françoise Wintenberger**, animatrice et directrice éditoriale du réseau « Ecole et relaxation », ex-enseignante, déplore que les cours soient essentiellement organisés autour d'activités intellectuelles. Elle milite pour l'introduction de la relaxation, dans les établissements scolaires.

**Micheline Flack**, responsable de l'association « Recherche sur le yoga », constate que les élèves arrivent en classe, « …remplis d'émotions parasites, qui gênent l'appropriation des connaissances… ». Elle promulgue le yoga dans les écoles.

**Jean Jacques Sagot**, professeur d'éducation physique et sportive, à Périgueux, s'inquiète du système éducatif trop morcelé, ignorant le bien-être des élèves. Il promut l'option « tai-chi » au baccalauréat.

# Un conte pour Léo

## (Eva Klein)

Léo est un enfant anxieux. Il est souvent en état de stress. Il s'agite, épuise son entourage. Ce conte lui permet de s'identifier à Lulu. Des solutions existent...dictées par sa « petite voix »

### Lulu apprend a se calmer

À trois pas du jardin de grand-mère, à l'orée de la forêt, habite Fanfan le sapin, tout de vert vêtu.

Chaque samedi, Lulu pousse le portail rouge de la maisonnette. À peine arrivé, il court vite jusqu'au bout du chemin, pour jouer avec Fanfan. Il aimerait bien s'agripper à ses branches, grimper jusqu'à sa cime, pour caresser Bling-Bling, le vent qui souffle très fort, là-haut, près du ciel. Mais il est trop petit.

Aujourd'hui encore, Bling-Bling est énervé. Pourtant, il n'est pas en colère. Trois gros tas d'aiguilles, sont déjà tombés sur le sol, étouffant la mousse. Elle n'est pas contente.

Infatigable, il ne s'arrête plus, redouble de violence, étourdissant tout le petit monde autour de lui. Il balaie même les fourmis, qui viennent gentiment chatouiller les replis du tronc, de Fanfan. Il en a même déchiré l'écorce, et la sève coule, de ses blessures.

Lulu se demande bien ce qu'il pourrait faire pour aider Fanfan, qui ne supporte plus l'agitation de Bling-Bling.

Il a enfin, une idée : « Je vais l'apprivoiser », dit-t-il ! Comme le Petit Prince avec le renard. Aussitôt dit, aussitôt fait.

Ça tombe bien. Bling-Bling commence peu à peu, à ralentir sa course. Lulu, tirant la manche de son manteau invisible, lui murmure à l'oreille :

– Tu chantes bien Bling-Bling, même plus fort que le pinson, et que le rouge-gorge. Mais Doudou, le coucou est bien triste. Ton sifflement couvre sa petite voix. Il aimerait bien entendre une berceuse, toute douce.

– Je veux bien essayer, Lulu, dit-il. Mais je ne sais pas contrôler la force de ma voix, de mon souffle. C'est plus fort que moi. Je sais que j'énerve tous mes amis, mais comment faire ?

– Écoute-moi, Prince du Ciel, dit Lulu, en sautillant entre les fougères. Les branches vont t'aider. Quand leurs aiguilles commenceront à tomber sur le sol, elles crieront « Saperlipopette », ce qui voudra dire : calme-toi, tu souffles trop fort. Tu as bien compris, Bling-Bling. Répète-moi !

– « Saperlipopette »

– Oui, mais quoi, Saperlipopette ?

– Euh, euh…hou, hou, crie le vent.

Bon ! Lulu se gratte la tête. Ça n'a pas marché !

– J'ai une autre idée ! s'écrie-t-il ! Il commence : le matin, quand le rouge-gorge fait un brin de toilette, tu souffleras, doucement, comme les anges du ciel. Tu n'as pas envie qu'il tombe de sa balançoire ?

– Ah non, s'écrie Bling, Bling, je l'aime trop.

– À midi, continue-t-il, quand le soleil brille fort, tu ne bousculeras pas, la fourmi, qui apporte des petites graines à la reine.

– Ah non, dit Bling,Bling, je l'aime trop !

– Et le soir quand le rouge-gorge endort son bébé, tu respireras encore plus doucement. Tu ne veux pas le réveiller ?

– Ah non, dit Bling Bling, je l'aime trop !

Lulu est ému. Il en a les larmes aux yeux ! Bling Bling, plein d'amour, est maintenant tout sage ! Il ne souffle plus. Il pense à tous ses amis, qu'il aime !

– Oh, merci Lulu de tes bons conseils, dit-il Je ferai toujours de mon mieux. Je serai sage, pour ne pas les déranger.

Il serre Lulu dans ses bras invisibles. Tous deux sont de vrais amis.

# Questions-Réponses

**La présence d'un animal domestique apaise-t-elle l'enfant stressé ?**
Oui, elle le calme, le sécurise. L'enfant peut lui confier ses joies, ses peines, ses tracas du quotidien. Il devient son confident. C'est une présence, quand il est seul à la maison et une compagnie pour l'enfant unique. Caresser un animal est un échange affectif et un réconfort pour l'enfant.

**Le «burn-out» ou «syndrome d'épuisement» existe-t-il chez l'enfant ?**
Oui, mais il est plus difficilement perçu que chez l'adulte. Cette phase d'épuisement prend souvent ancrage dans l'émotionnel. Soit l'enfant est très irritable, il s'oppose aux parents en refusant toute consigne. Il est toujours insatisfait de ce que l'on fait pour lui. Soit il se replie sur lui-même. Il est inhibé, passif, difficile à stimuler. Rien ne l'intéresse. Dans les deux cas l'enfant se dévalorise, a une vision très pessimiste de lui-même, des autres et du futur. À cause de leur épuisement, les enfants surstimulés par les parents, trop tôt et trop longtemps, et ultraperformants peuvent entrer dans ce schéma.

**Le coaching parental peut-il aider, en cas de stress de l'enfant ?**
Les parents sont parfois désemparés. Ils se sentent seuls face à une situation, qu'ils ne maîtrisent plus .Ils ont besoin d'être entendus, conseillés. Le coach a une écoute bienveillante. Il propose des clefs, pour aider l'enfant et les parents à passer du stress au bien-être. Il met en place des objectifs, des méthodes adaptées à chaque cas, pour mieux gérer le quotidien, très souvent dans le domaine scolaire, et/ou familial. Mais il n'est pas thérapeute. Il ne peut remplacer un médecin spécialiste, notamment en cas de stress post-traumatique.

**Le contact avec la nature a-t-il une influence positive, sur l'enfant stressé ?**
Oui. Une étude scientifique récente, a montré que les enfants qui passaient quinze minutes, assis dans une forêt, plutôt que dans un environnement citadin, présentaient une importante baisse de leur rythme cardiaque, et de leur taux de cortisol. Les « bains de forêt » sont très populaires au Japon. De plus, la couleur verte, « anti-stress » par excellence, a une action apaisante sur l'organisme.

**L'aménagement Feng shui, un environnement anti-stress ?**
Le Feng shui, pense, agence une chambre d'enfant pour l'excellence d'un sommeil réparateur. Le « chi », l'énergie de la pièce, doit bien circuler pour favoriser le sommeil de l'enfant stressé. Une attention particulière est accordée à l'agencement du mobilier et des objets. Des conseils :

• Favorisez les formes ovoïdes (poufs, luminaires en forme d'œuf, etc…)

• Evitez de placer le lit entre la porte et la fenêtre. En aucun cas sous cette dernière, (fuite du chi, par l'ouverture)

• Placez des photos ou images reposantes en face du lit.

• Allégez les tiroirs des objets lourds ou cassés.

• Évitez les écrans : télévision, ordinateur, etc…

• Favorisez la couleur bleue, anti-stress et relaxante.

# Bibliographie

**Ouvrages :**

D.W.Winnicott : *Jeu et réalité* (Gallimard -Folio/ Essais 1975)

Line Déziel : *L'enfant, l'adolescent et le sport de compétition* (CHU Sainte Justine 2010)

Brigitte Prot : *J'suis pas motivé* (Albin Michel 2003)

Guylaine Vaillancourt : *Musique, Musicothérapie et développement de l'enfant* (CHU Sainte Justine 2005)

Solange Le Chevalier : *L'enfant et la concentration* (Le courrier du Livre 2007)

René-Lucien Rousseau : *L'envers des contes* ( Dangles 1991)

R.Ghiglione et J.F.Richard : *Origines et bases de la psychologie* (Dunod 1999)

Theo Gimbels : *Les pouvoirs de la couleur* (Sand 1987)

Sylvie Bourcier : *Comprendre et guider le jeune enfant* (CHU Sainte Justine 2004)

Henri Laborit : *Éloge de la fuite* (Gallimard -Folio/ Essais 1995)

Edwige Antier : *J'aide mon enfant à se concentrer* (J'ai lu 2001)

Danielle Laporte : *Être Parent, une affaire de cœur* (CHU Sainte Justine 2005)

Eva Klein : *Les couleurs*, (Alpen Editions 2012)

Bruno Bettelheim : *Psychanalyse des contes de fées* (Poche 1999)

Jung Carl Gustav : *L'homme et ses symboles* (Robert Laffont 1992)

Isabelle Filliozat : *Au cœur des émotions de l'enfant* (Marabout 2006)

Michel Delagrave : *Ados, mode d'emploi* (CHU Sainte-Justine 2005)

Brazelton et Sparrow : *Points fort de la naissance à 3 ans* (LGF livre de poche 1994)

Geneviève Manent : *L'enfant et la relaxation* (Le souffle d'Or 2009)

Paul Dennison I : *Kinésiologie pour enfants* (Le souffle d'Or 2002)

Gilles Julien : *Aide moi à te parler-La communication Parents-Enfants* (CHU Sainte Justine 2004)

P.Vivet-B.Defrance : *Les enfants victimes de violence à l'école* (La Découverte/Syros 2000)

**Articles :**

Julie Chupin .Dossier : Le souffle de la relaxation-Le Monde de l'Education- Janvier 2007

Madeleine Bunting : Happy mediums-The guardian-education- (30 avril 2008)

Debbie Andalo-Teachers visit US to learn theory of happiness-The Guardian-education (9 mai 2007)

**Internet utile :**

ecole-et-relaxation.com(Magazine du bien-être à l'école)

afttc.org (Association française de thérapie comportementale et cognitive)

education-nvp.org (Coordination pour l'éducation à la non-violence)

## Les titres disponibles chez Alpen Éditions :

- *300 remèdes naturels*
- *Alcool, vin et santé*
- *Arrêter de fumer*
- *Arthrose rhumatismes arthrite*
- *Asthme : vers un nouveau souffle*
- *Bien se nourrir pour vivre mieux*
- *Candida Albicans*
- *Ces aliments qui guérissent*
- *C'est la thyroïde docteur ?*
- *Chasser la déprime avec les plantes*
- *Comment mieux dormir*
- *Combattre les allergies*
- *Contrôlez votre acidité : L'équilibre acido-basique*
- *Cystite, prostate : les solutions*
- *Dites non au cholestérol*
- *Docteur, c'est la prostate ?*
- *Docteur, j'ai un psoriasis*
- *En finir avec le ronflement*
- *En forme grâce aux épices*
- *Énergie et médecine chinoise*
- *Équilibrer ses émotions avec les fleurs de Bach*
- *Être heureux avec le millepertuis*
- *Fatigue chronique, fibromyalgie*
- *Fini les jambes lourdes*
- *Fini malaises et vertiges*
- *Garder la forme après 40 ans*
- *Gardez une peau saine*
- *Je nourris mon enfant*
- *L'alimentation des ados*
- *La chirurgie esthétique*
- *La cuisine Sain-plement*
- *La diététique du diabète*
- *La nouvelle ménopause*
- *La numérologie pratique*
- *La nutrigénétique*
- *Le bien être par la relaxation*
- *Le dico des bobos*
- *Le Feng Shui pratique*
- *Le guide de phytothérapie*
- *Le guide pratique des vitamines*
- *Le mal de dos, c'est fini*
- *Le nouveau régime flexitarien*
- *Le pouvoir des oméga-3*
- *Le précis des oligoéléments*
- *Le précis de l'homéopathie*
- *Le régime anti-cholestérol*
- *Le régime potassium*
- *Le régime protéiné*
- *Le régime sans sel*
- *Les 130 plantes médicinales*
- *Les aliments qui guérissent : fruits, légumes, épices*
- *Les bienfaits de la mer*
- *Les bons aliments pour maigrir*
- *Les compléments alimentaires*
- *Les couleurs*
- *Les enfants hyperactifs*
- *Les étirements faciles*
- *Les massages*
- *Les médicaments de demain*
- *Les méthodes douces qui soignent*
- *Les migraines c'est fini*
- *Les miracles du soja*
- *Les plantes qui soignent*
- *Les remèdes de la ruche*
- *Les secrets de santé des antioxydants*
- *Les secrets de santé du thé*
- *Les secrets du ginseng*
- *Les secrets d'une belle peau*
- *Les soins par les huiles essentielles*
- *Les vertus du soja*
- *Les vertus santé du cacao*
- *Les vitamines*
- *L'hypertension artérielle*
- *L'hygiène bucco-dentaire*
- *L'oignon fait des merveilles*
- *L'ostéoporose*
- *Ma santé dans mon assiette*
- *Maigrir après 40 ans*
- *Maigrir à l'aide des compléments alimentaires*
- *Maigrir avec la diététique chinoise*
- *Maigrir avec la méthode chrono-asiatique*
- *Maigrir avec le régime paléo*
- *Maigrir sans faire de régime*
- *Maigrir selon vos hormones*
- *Maladie cœliaque : mieux assimiler le gluten*
- *Montignac : les index glycémiques*
- *Montignac : Maigrir avec la cuisine méditerrannéenne*
- *Montignac : Recettes minceur midi et soir*
- *Mémoire totale*
- *Plus jamais fatigué !*
- *Plus mal au ventre*
- *Prévenir Alzheimer*
- *Prévenir et guérir l'infarctus*
- *Programme anti-âge*
- *Programme Detox*
- *Programme jeunesse*
- *Rester jeune après 60 ans*
- *Revivre après une séparation*
- *Rhumatismes : votre ordonnance naturelle*
- *Secrets de jouvence*
- *Secrets d'Olive et diète méditerranéenne*
- *Soigner et préserver ses cheveux*
- *Stress contrôle*
- *Une grossesse heureuse*
- *Vaincre enfin la cellulite*
- *Victoire sur l'arthrose*
- *Vinaigre, bicarbonate, citron*
- *Votre santé par les huiles essentielles*